지구를 지키는
50가지 환경 미션

기후 위기에 맞서는  지구 지킴이들의 멋진 도전

지구를 지키는 50가지 환경 미션

변지선 • 이은지 글 | 주노 그림

썬더키즈
thunder kids

지구가 보낸 편지

사랑하는 친구들에게,

안녕? 나는 지구야. 너희들의 도움이 필요해서 이렇게 편지를 쓰게 됐어. 너희들 혹시 '환경 위기 시계'에 대해 알고 있니? 이 시계는 내가 얼마나 아픈지 알려 주는 시계인데 시간이 12시에 가까워지면 가까워질수록 내게 죽음이 다가온 것과 같아. 그런데 지금 이 환경 위기 시계가 9시 38분을 가리키고 있어. 그만큼 나는 아주 위독한 상태지.

이 순간에도 시간은 12시를 향해 빠르게 흘러가고 나는 점점 병들어 가고 있어. 내가 아프면 땅과 바다, 그리고 하늘도 병들게 돼. 그러면 아름다운 자연과 그곳에서 뛰놀던 많은 동물들이 사라지고 너희들도 더는 살 수 없게 될 거야.

누가 나를 이렇게 아프게 했을까? 놀랍게도 나를 아프게 한 건 바로 너희들이야. 너희가 자원을 낭비하고 쓰레기를 마구 버리는 바람에 병이 깊어지고 있지. 하지만 난 너희를 원망하지 않아. 아픈 나를 치료할 수 있는 것도 너희뿐이거든. 더 늦기 전에 나를 위해 나서 주었으면 해.

　방법은 어렵지 않아. 지구 지킴이가 되어서 나를 지키기 위한 환경 미션들을 매일매일 실천하는 거야. 그리고 모든 사람들이 지구 지킴이가 될 수 있게 널리 알려 줘. 그러면 우리 모두 다시 행복해질 수 있을 거야. 너희 도움이 꼭 필요해. 나를 도와줄 준비 됐지?

　　　　　　　　　　　　　너희를 사랑하는 지구 씀

지구 지킴이 임명장

```
┌ ─ ─ ─ ─ ─ ┐
│           │
│   여기에   │
│           │
│  사진을 붙여. │
│           │
└ ─ ─ ─ ─ ─ ┘
```

·················· 어린이를

지구 지킴이로 임명합니다.

지구를 사랑하는 지구 지킴이 모임

지구 지킴이 맹세

나 .... 는(은)

지구를 지키는 지구 지킴이로서
다음과 같이 맹세합니다.

하나, 최선을 다해 환경 미션을
끝까지 실천할 것을 맹세합니다.

둘, 주변 사람들에게 환경 미션을 알리고
앞장서서 행동할 것을 맹세합니다.

셋, 지구와 지구에 사는 모든 생명을 아끼고
존중할 것을 맹세합니다.

.... 년 .... 월 .... 일

.... (서명)

지구 지킴이 행동 수칙

지구 지킴이가 되었다면 이제부터 다섯 가지 지구 지킴이 행동 수칙을 지켜 나가야 해. 처음에는 익숙지 않겠지만 행동 수칙을 따르며 미션을 실천하다 보면 누구보다 지구를 아끼고 사랑하는 멋진 지구 지킴이가 되어 있을 거야.

① 지구 환경 문제에 관심 가지기
먼저 환경 문제에 관심을 가져야 해. 관심은 변화를 위한 첫걸음이니까 말이야. 관심은 어렵지 않아. 친구들과 환경에 대해 이야기하거나 쓰레기 분리배출을 잘해야겠다고 생각했다면 그걸로 충분해.

② 고통받는 지구 생명들의 처지를 이해하기
오염된 지구에서 힘겹게 살아가는 생명들의 삶을 헤아려 봐. 그들이 겪는 아픔에 공감하다 보면 관심이 더 깊어지고 문제를 해결하기 위해 직접 나서야겠다는 생각이 들 거야.

③ 용기 내서 미션 실천하기
지구를 지키기 위해서는 용기를 내야 해. 일회용품을 거절하는 일, 혼자서 쓰레기를 줍는 일, 모두 용기가 필요한 일이지. 처음엔 어려워도 미션을 하나씩 실천하다 보면 용기가 점점 더 솟아날 거야.

④ 매일매일 꾸준히 실천하기

지구를 살리려면 미션을 꾸준히 실천해야 해. 처음에는 꾸준히 실천하는 게 어려울 수도 있어. 미션이 어렵다면 쉬운 미션으로 건너뛰어도 좋아. 멈추지 않는 꾸준한 행동이 지구를 살리는 중요한 열쇠가 될 거야.

⑤ 친구들과 지구 지킴이 활동 함께하기

혼자서는 지구를 온전히 지켜낼 수 없어. 가족, 친구, 이웃들이 지구를 지키는 일에 관심을 가질 수 있도록 나서서 알려야 해. 지구 지킴이 활동을 하면서 알게 된 것들을 친구들에게 공유하고 함께 미션을 실천하며 지구를 지키는 거야.

지구 지킴이 준비물

지구 지킴이 활동을 하려면 몇 가지 준비물이 필요해. 대부분 집에 있을 만한 것들이니까 걱정하지 않아도 돼. 준비물이 없다면 비슷한 걸로 대신해도 좋아. 지구를 위한 일이니까 새것을 사기보다는 가지고 있는 것을 활용하고, 한 번 쓰고 버리기보다는 여러 번 사용하면 좋겠어.

편한 옷과 운동화: 지구를 지키기 위해서 이제부터 많이 걷고 뛸 거야. 그러려면 편한 옷과 운동화가 필요해.

집게와 봉투: 우리가 버린 쓰레기를 다시 주워 담을 거야. 집게가 없다면 장갑을 써도 좋아. 봉투와 집게는 여러 번 쓸 수 있는 걸 고르면 좋겠어.

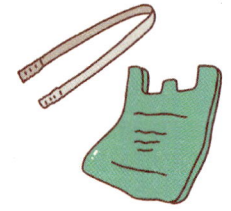

달력: 세상에는 환경과 관련된 기념일이 많이 있어. 달력에 기념일을 표시하고 지구 보호를 위해 노력하자는 다짐도 해 보고 실천에 옮겨 보는 거야. 달력이 없으면 직접 만들어도 좋아.

텀블러와 에코백: 일회용컵 대신 텀블러를 쓰고 비닐봉지 대신 에코백을 쓰면 쓰레기를 많이 줄일 수 있어. 텀블러와 에코백은 외출할 때 꼭 챙겨야 하는 필수품이야. 새것을 사기보다는 집에 있는 걸 활용하면 좋겠어.

컴퓨터 또는 스마트폰: 환경 뉴스를 찾아보고 지구를 위해 애쓰는 단체들을 알아보려면 인터넷을 활용해야 해. 컴퓨터나 스마트폰을 이용해서 자료를 찾아봐. 집에 인터넷 기기가 없다면 학교 컴퓨터실이나 도서관 디지털실을 이용하면 되겠지?

환경 미션을 시작하기 전에

몇 가지 환경 용어를 소개할게. 지구에 벌어지고 있는 변화를 이해하는 데 꼭 필요한 말들이야. 관심을 갖고 일상에서도 자주 생각해 보면 좋겠어.

온실가스: 온실가스란 지구 대기를 오염시켜서 온실 효과를 일으키는 가스를 말해. 이산화탄소, 이산화질소, 메탄 같은 기체가 바로 온실가스이지. 온실 가스는 석탄이나 석유 같은 화석 연료를 사용할 때 배출되는데 화석 연료는 산업뿐 아니라 일상에서도 두루 쓰이고 있어.

지구 온난화: 지지구의 평균 기온이 점점 높아지는 걸 지구 온난화라고 해. 지구 온난화의 가장 큰 원인은 온실가스 배출 때문이야. 온실가스가 지구를 점점 뜨겁게 만드는 데다 탄소를 저장하는 숲이 파괴되면서 지구 온난화가 심화되고 있지. 점점 심각해지고 있는 지구 온난화의 위급함을 알리기 위해 지구 가열화라고 표현하기도 해..

기후 위기: 지구의 기온과 강수량의 변화를 기후 변화라고 해. 하지만 기후 변화라는 말은 현재 지구 환경 위기의 심각성을 잘 전달하지 못하지. 그래서 사람들은 기후 위기라는 말을 사용하고 있어. 지구 곳곳에서 일어나고 있는 폭염과 가뭄 홍수나 태풍 그리고 폭설 등의 빈번해진 자연재해는 기후 위기의 심각성을 보여주는 예이기도 하지. 기

후 위기로 인해 2050년이면 우리나라도 아열대 기후로 변할 수 있다고도 해.

탄소 발자국: 탄소 발자국은 우리가 생활하면서 얼마나 많은 이산화탄소를 만들어 내는지를 발자국으로 알기 쉽게 표시한 거야. 개인이나 단체가 발생시키는 탄소의 총량을 의미하지. 우리가 먹고, 씻고, 생활하는 동안에도 탄소 발자국은 계속 찍히고 있어.

재생 에너지: 석탄과 같은 화석 에너지는 매장량이 한정되어 있어서 우리가 많이 사용하면 할수록 미래 세대가 사용할 자원이 부족해져. 그래서 태양, 물, 바람처럼 재생이 가능한 에너지를 이용하는 것에 관심을 가져야 해. 재생 에너지는 고갈될 염려가 없고 환경 오염 위험도 적어.

재활용과 재사용: 시장에는 새 물건이 넘쳐나고 쓰레기장에는 쓰레기가 매일 산처럼 쌓이고 있어. 제품을 생산하고 쓰레기를 처리하는 데 에너지가 많이 들고 이로 인한 환경 오염이 아주 심각해. 자원을 아끼고 쓰레기를 줄이기 위해서는 재활용과 재사용을 실천해야만 해.

생물 다양성: 생물 다양성은 지구에 사는 모든 생물 종과 생물이 가지는 유전자의 다양성을 뜻해. 생물들은 서로 영향을 주고받으며 살고 있고 그 관계는 촘촘한 그물망과도 같아. 그런데 지금 기후 변화와 환경 파괴로 100만 종 이상의 생물이 멸종 위기에 있다고 해. 멸종 생물이 많아지면 생물 다양성에 구멍이 생기고 결국 생태계도 무너지게 될 거야. 생물 다양성이 지켜지도록 관심을 갖고 환경 미션을 실천해야 해.

차례

1장 | 매일매일 혼자서도 쉬운 지구 지키기

- 01 - 하루 세 번 창문 열기 … 18
- 02 - 목욕 대신 샤워하기 … 20
- 03 - 학용품 끝까지 쓰기 … 22
- 04 - 친환경 학용품 쓰기 … 24
- 05 - 나무를 생각하며 종이 아껴 쓰기 … 26
- 06 - 나만의 텀블러 가지고 다니기 … 28
- 07 - 가까운 거리는 걷거나 자전거 타기 … 30
- 08 - 스마트폰 사용, 어제보다 10분씩 줄이기 … 32

2장 | 일상 속 재미있는 지구 지키기

- 09 - 쿨맵시, 온맵시 실천하기 … 36
- 10 - 유행이 아닌 나만의 패션 만들기 … 38
- 11 - 망가진 물건 고쳐 쓰기 … 40
- 12 - 재활용 쓰레기로 나만의 장난감 만들기 … 42
- 13 - 나만의 반려 식물 키우기 … 44
- 14 - 보자기로 선물 포장하기 … 46
- 15 - 재사용 우산 커버 사용하기 … 48
- 16 - 아무것도 사지 않는 날 만들기 … 50

3장 | 쓰레기 집합소, 부엌에서 지구 지키기

- 17 - 빈 그릇 만들기 … 54
- 18 - 못난이 농산물 사랑하기 … 56
- 19 - 가족과 함께 친환경 장보기 … 59
- 20 - 물티슈 대신 물수건 사용하기 … 62
- 21 - 배달 음식 주문할 때 한번 더 생각하기 … 64
- 22 - 일회용품을 다회용품으로 바꿔 쓰기 … 66
- 23 - 냉장고 사용법 익히기 … 68
- 24 - 고기 없는 날 만들기 … 70
- 25 - 먹지 않는 약 약국에 반납하기 … 72

4장 | 알뜰살뜰 우리 집 지구 지키기

26 - 햇볕 등 사용하기 … 76
27 - 친환경 청소법으로 집 청소하기 … 78
28 - 폐건전지 전용 수거함에 버리기 … 80
29 - 생명을 지켜 주는 깜깜한 밤 보내기 … 82
30 - 실내 온도를 적정 온도로 맞추기 … 84
31 - 우리 집 친환경 보물 찾기 … 86
32 - 대기 전력 무찌르기 … 89

5장 | 출동! 우리 동네 지구 지키기

33 - 반려동물과 함께 지구 지키기 … 94
34 - 도시숲을 아끼고 사랑하기 … 96
35 - 모두가 안전한 친환경 등산하기 … 98
36 - 우리 동네 생명 지도 만들기 … 100
37 - 플로깅 실천하기 … 102
38 - 가족과 함께 친환경 휴가 계획하기 … 105
39 - 자외선 차단제 골라 쓰기 … 108
40 - 우리 동네 무포장 가게 찾기 … 110

6장 | 모두 함께 지구 지키기

41 - 환경을 위한 캠페인 제안하기 … 114
42 - 달력에 환경 기념일 표시하기 … 116
43 - 동물 실험 반대하기 … 120
44 - 기후 난민에 관심 기울이기 … 122
45 - 환경 단체 알아보기 … 124
46 - 나쁜 기업, 착한 기업 찾아보기 … 126
47 - 한국의 그레타 툰베리 되어 보기 … 128
48 - 무책임한 기업 단속하기 … 130
49 - 가짜 환경 활동 멈추기 … 133
50 - 환경 위기 시계 거꾸로 돌리기 … 135

• 1장 •
매일매일 혼자서도 쉬운 지구 지키기

01. 하루 세 번 창문 열기
02. 목욕 대신 샤워하기
03. 학용품 끝까지 쓰기
04. 친환경 학용품 쓰기
05. 나무를 생각하며 종이 아껴 쓰기
06. 나만의 텀블러 가지고 다니기
07. 가까운 거리는 걷거나 자전거 타기
08. 스마트폰 사용, 어제보다 10분씩 줄이기

미션 01

하루 세 번 창문 열기

우리는 하루에 많은 시간을 실내에서 보내고 있어. 바깥 미세먼지가 심한 날은 하루 종일 실내에서만 지내기도 하지. 그런데 실내도 공기 오염이 심각하다는 거 알고 있어? 우리가 생활에서 사용하는 가구와 가전제품, 그리고 옷, 화장품, 세제에서 여러 유해 물질이 나오기 때문이야. 그리고 기름을 많이 쓰는 요리를 할 때에도 미세먼지와 포름알데히드 같은 유해 물질이 만들어지지. 쓰레기통에 쌓여 있는 쓰레기도 실내 공기를 오염시키고 말이야.

그러니까 하루에 세 번 15분씩 꼭 환기를 해야 해. 환기를 통해 유해 물질을 밖으로 내보내는 거지. 밤늦은 시간이나 새벽에는 대기가 가라

앉아 유해 물질이 잘 빠져나가지 않기 때문에 되도록 아침이나 낮에 환기를 하는 게 좋아. 그리고 화학 재료로 만든 물건보다는 인공을 가하지 않은 천연 재료로 만든 물건을 사용하면 더 좋겠지.

실내 냄새를 개선시키려고 화학 방향제나 탈취제를 쓰는 경우도 있는데 냄새를 좋게 만들 수는 있어도 공기를 깨끗하게 만들어 주진 않으니까 주의해서 사용해야 해. 밀폐된 공간에서 사용하면 오히려 건강에 위협이 될 수 있어.

번거롭더라도 건강한 생활을 위해 하루 세 번 창문을 활짝 열어 봐.

✔ 실내 환기시키기

하루 세 번 환기를 시키고 표시해 봐.

날짜	날씨	아침	점심	저녁
		☐	☐	☐
		☐	☐	☐
		☐	☐	☐
		☐	☐	☐

미션 02

목욕 대신 샤워하기

'돈을 물 쓰듯 쓴다'는 말 들어 본 적 있어? 돈을 낭비하는 행동을 물에 빗대어 표현한 말인데 이 말은 우리가 물을 얼마나 헤프게 사용해 왔는지 보여 주는 말이기도 해. 그런데 이제는 물이 귀해서 '물을 돈 쓰듯 쓴다'고 바꿔 써야 할지도 몰라. 돈을 아껴 쓰듯 물도 아껴 써야 한다는 거지.

어디서든 물이 콸콸 나와서 물을 쓸 때 불편함을 느끼지 못했겠지만, 우리나라는 물이 많지 않은 '물 스트레스 국가'야. 지금처럼 물을 낭비하면 '물 기근 국가'가 되어서 큰 위험에 빠지게 될 거야. 그러니 지금부터라도 물 절약을 실천해야만 해.

우리가 몸을 깨끗이 하고 안전하게 먹고 마실 수 있는 건 모두 물 덕분이야. 물은 주로 가정에서 많이 사용하고 있는데 그중에서 약 25퍼센트가 욕실에서 쓰인다고 해. 물 낭비는 특히 목욕할 때 가장 심해. 욕조에 물을 가득 채우려면 물이 200리터쯤 필요하거든. 2리터 생수통 100개를 목욕물로 쓴다고 생각하면 얼마나 많은 양인지 짐작할 수 있을 거야.

그러니까 목욕보다는 샤워를 하고, 샤워는 되도록 5분 안에 끝내는 게 좋아. 샤워를 오래 하면 목욕물만큼 물을 낭비하게 되거든. 그리고 물을 약하게 트는 것도 물 절약에 도움이 돼. 샤워기를 절수형 샤워기로 바꾸면 적은 물로도 센 물줄기가 나와서 물을 쉽게 절약할 수 있어. 샤워뿐 아니라 세수할 때 물 받아서 쓰기, 양치 컵 쓰기 등 기본적인 절약 습관도 지니면 좋겠지? 물을 쓴 다음에는 수도꼭지를 꼭 잠그는 것도 잊지 마.

내가 실천하고 있는 것에 표시해 봐.

- 5분 안에 샤워하기 ☐
- 비누칠할 때 물 끄기 ☐
- 샤워할 때 물 약하게 틀기 ☐
- 세수할 때, 양치할 때 물 받아서 사용하기 ☐
- 목욕 끝내고 목욕물 재사용(욕실 청소 등)하기 ☐
- 물 쓰고 수도꼭지 꼭 잠그기 ☐

미션 03

학용품 끝까지 쓰기

학용품을 자주 잃어버리거나 자꾸 새것을 사는 습관은 좋지 않아. 우리가 사용하는 학용품은 우리 손에 오기까지 많은 자원과 에너지를 사용해서 만들어지거든. 그리고 그 과정에서 지구 온난화를 일으키는 온실가스가 발생되지. 그러니 자원 낭비가 없도록 학용품을 끝까지 사용하는 게 중요해. 그런데 학용품을 끝까지 쓰는 건 생각보다 어려워. 학용품 관리가 서툰 지킴이들을 위해 몇 가지 팁을 알려 줄게.

첫 번째는 모든 학용품에 이름을 쓰는 거야. 교실 분실함에 있는 물건 대부분은 이름을 쓰지 않아서 주인에게 돌아가지 못한 것들이거든. 이름을 쓰면 책임감도 생기고 물건도 쉽게 되찾을 수 있어.

두 번째는 학용품을 필요한 만큼만 가지고 다니는 거야. 필통에 학용품을 많이 가지고 다니면 잃어버릴 위험이 커. 잃어버리더라도 대신할 게 있으니 물건의 소중함도 덜 느끼게 되지. 자주 쓰지 않는 학용품은 다른 곳에 보관하도록 해.

세 번째는 학용품을 가지고 장난치지 않는 거야. 몇몇 아이들은 학용품을 장난감처럼 사용하다가 망가뜨리지. 지우개에 연필을 꽂고 조각내는 친구들 본 적 있을 거야. 이렇게 자원을 낭비하는 건 결국 지구를 괴롭히는 것과 같아. 작은 것이라도 환경을 위해 아껴 써야 해.

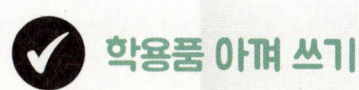

내가 실천하고 있는 것에 표시해 봐.

- 모든 학용품에 이름 쓰기 ☐
- 학용품 망가뜨리지 않기, 낙서하지 않기 ☐
- 학용품 다 쓸 때까지 새것 사지 않기 ☐
- 풀과 사인펜 마르지 않도록 뚜껑 제대로 닫기 ☐
- 물감 튜브 끝까지 짜서 사용하기 ☐

필통을 정리하고 필통에 남겨 둔 학용품을 적어 봐.

미션 04

친환경 학용품 쓰기

문구점에 가면 샤프, 지우개, 필통, 볼펜 등 다양한 학용품이 우리를 기다리고 있어. 화려하고 다양한 기능을 가진 학용품은 우리의 눈을 사로잡지. 하지만 이런 학용품들은 여러 가지 소재로 만들어져서 분리배출이 어렵고 재활용도 안 돼. 지우개가 달린 연필을 떠올려 봐. 연필 뒤에 지우개가 달려 있어서 편하지만 연필의 나무와 흑연, 지우개의 고무, 연필과 지우개를 연결하는 금속까지 다양한 소재가 섞여 있어서 분리배출이 안되지. 그러니까 되도록 분리배출이 되는 학용품을 사용하고, 재생지로 만든 연필처럼 재활용 자원을 활용한 친환경 학용품을 사용하면 좋겠어.

친환경 학용품을 쓰는 건 환경을 지키는 일이기도 하지만 우리 몸을 지키는 일이기도 해. 화려한 학용품이 우리 건강을 해치고 있거든.

플라스틱 학용품에서 어린이 성장에 나쁜 영향을 끼치는 환경 호르몬이 검출되기도 했고, 페인트가 들어간 학용품에서는 중금속 물질이 검출되기도 했어. 또 향기가 나는 학용품에서는 암을 유발하는 포름알데히드가 검출되기도 했지.

그런데 몸에 해로운 물질은 눈에 보이지 않아서 피하기가 어려워. 안전한 어린이 제품을 고르려면 'KC 마크'가 붙은 제품과 친환경 제품을 고르면 돼. 지구와 우리의 건강을 위해 친환경 학용품을 사용해 봐!

 친환경 학용품 쓰기

내가 실천할 수 있는 것에 표시해 봐.

- 재생지로 만든 연필, 노트 사용하기 ☐
- 스테이플러 대신 재사용할 수 있는 집게, 클립 사용하기 ☐
- 플라스틱 파일 대신 종이 파일 사용하기 ☐
- 인공 향기 없는 학용품 사용하기 ☐

내가 써 본 친환경 학용품을 적어 봐.

미션 05

나무를 생각하며 종이 아껴 쓰기

숲은 이산화탄소를 흡수하는 탄소 저장소야. 그런데 벌목과 산불 때문에 숲이 점점 사라지고 있어. 숲이 사라지면 이산화탄소가 늘어나서 지구 온난화가 빠르게 진행될 거야. 그래서 우리나라는 산림 자원을 보호하기 위해 매년 4월 5일 식목일에 나무 심기 운동을 하고 있어. 지속해서 나무를 심는 것도 중요하거든.

식목일뿐 아니라 매일매일 나무를 심으면 얼마나 좋을까? 매일 심는 건 어렵지만 나무로 만든 모든 것들을 아껴 사용하면 나무를 심는 것과 비슷한 효과를 낼 수 있어. 휴지, 공책, 가구, 장난감 등 우리 주변에는 나무로 만들어진 물건이 많은데 이런 것들을 아껴 쓰고 다시 쓰면 나무를 베는 일이 줄어들 거야.

　휴지 대신 손수건이나 걸레를 사용하고 새 종이 대신 이면지를 사용하면 나무를 많이 아낄 수 있어. 그림을 그릴 땐 스케치북 앞뒷면을 모두 활용하고 공책을 쓸 때도 빈칸 없이 꽉 채워 써 봐.

　그리고 종이를 버릴 땐 종이류와 종이팩류를 구분해서 버려야 해. 왜냐면 같은 종이처럼 보여도 재활용하는 과정이 다르거든.

　종이 박스 같은 일반 종이류는 재생 종이로, 우유팩 같은 종이팩류는 두루마리 휴지나 미용 티슈로 재탄생되고 있어. 재생 종이와 재생 휴지가 많아지려면 분리배출부터 잘해야겠지? 매일매일이 식목일인 것처럼 산림 자원 아끼기를 실천해 보자.

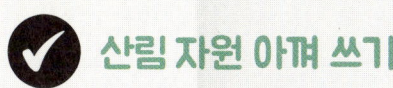

산림 자원을 어떻게 아껴 쓸지에 대해 적어 봐.

미션 06

나만의 텀블러 가지고 다니기

페트병 사용량이 많아지면서 바다에 흘러 들어가는 미세 플라스틱도 많아지고 있어. 미세 플라스틱은 플라스틱에서 떨어져 나온 얇은 조각을 말하는데 크기가 너무 작아서 걸러지지 못하고 바다로 흘러가곤 해. 그렇게 흘러든 미세 플라스틱은 물고기 뱃속을 거쳐 다시 우리 식탁에 부메랑처럼 돌아오고 있지. 게다가 페트병에 담긴 물을 마시는 것만으로도 미세 플라스틱이 우리 몸에 쌓일 수 있어. 평균적으로 매주 신용카드 하나 분량의 미세 플라스틱을 먹게 된다고 하니 플라스틱 문제가 얼마나 심각한지 짐작할 수 있을 거야.

플라스틱을 만들 때 들어가는 에너지와 자원도 무시 못 해. 1리터짜리 페트병을 하나 만들 때 필요한 물이 4리터나 되거든. 마시는 물보다 4배나 많은 물을 소비하고 있는 거지.

플라스틱을 줄이려면 어떻게 해야 할까? 먼저 개인 텀블러를 가지고 다니는 것부터 시작해 봐. 일회용 플라스틱 컵과 페트병을 줄이는 데 큰 도움이 될 거야.

환경을 생각하는 사람들이 많아지면서 예쁘고 멋진 텀블러도 계속계속 나오고 있어. 하지만 예쁘다는 이유로 텀블러를 여러 개씩 사 모으면 안 돼. 텀블러를 만들고 폐기하는 모든 과정에서 자원과 에너지를 많이 소비하기 때문이야.

텀블러를 만들고 폐기할 때 배출되는 온실가스 양은 플라스틱 컵보다 13배, 종이컵보다 24배나 많다고 해. 특히 스테인리스 재질은 최소 천 번은 써야 환경 보호 효과를 낼 수 있지. 그러니까 텀블러를 깨끗하게 잘 관리하면서 오래오래 사용하는 게 중요해.

내가 실천하고 있는 것에 표시해 봐.

- 매일매일 텀블러 가지고 다니기 ☐
- 안 쓰는 텀블러 친구에게 나눠 주기 ☐
- 텀블러와 함께 유리 빨대, 스테인리스 빨대 사용하기 ☐
- 텀블러에 음료 오래 보관하지 않기 ☐
- 텀블러 세척 후 물기 바짝 말려 보관하기 ☐

미션 07

가까운 거리는 걷거나 자전거 타기

화석 연료를 사용하는 자동차는 지구 대기를 오염시키는 주범 중 하나야. 연료를 태울 때 온실가스가 마구 배출되기 때문이지. 자동차가 내뿜는 온실가스는 기후 위기가 찾아오면서 급히 해결해야만 하는 과제가 됐어. 우리나라는 2030년까지 자동차가 배출하는 온실가스를 지금보다 24퍼센트 줄이기로 결정했고, 네덜란드와 노르웨이는 2025년부터 내연 기관차 판매를 금지할 거라고 해. 그래서 세계 자동차 업계들은 화석 연료를 사용하는 내연 기관차 대신 전기차와 수소차 같은 친환경 자동차를 내놓으면서 온실가스 해결에 힘쓰고 있어.

우리도 몇 가지 실천으로 온실가스 해결에 힘을 보탤 수 있어. 먼 거리는 자가용 대신 대중교통을 이용하고 가까운 거리는 걷거나 자전거를 이용하는 거야. 지구 환경도 지키고, 우리 건강도 지키고, 교통비도 아낄 수 있으니까 일석삼조지.

외출할 땐 불편한 신발보다는 걷기 편한 운동화를 신는 게 좋아. 그러면 언제 어디서든 걸을 수 있거든. 처음부터 너무 먼 거리를 걸으면 몸에 무리가 갈 수 있으니까 조금씩 거리를 늘려 가도록 해.

자전거를 이용하고 싶다면 지역에서 운영하는 공공 자전거 대여 서비스를 이용해 봐. 서울시에서 운영하는 '따릉이', 수원 '타조', 대전 '타슈', 광주 '타랑께' 등 여러 지역에서 공공 자전거를 운영하고 있어.

✅ 걷거나 자전거 타기

가장 많이 걸은 날을 떠올려 보고 적어 봐.

- 출발지와 목적지:

- 걸은 시간:

- 걸어서 좋은 점:

- 힘들었던 점:

- 다음에 걸어가고 싶은 곳:

미션 08

스마트폰 사용, 어제보다 10분씩 줄이기

스마트폰을 사용할 때 나오는 탄소가 지구를 계속 뜨겁게 만들고 있어. 스마트폰 이용자가 늘고 개인의 사용 시간도 늘어나면서 배출되는 디지털 탄소량도 빠르게 증가하고 있지.

전화 통화를 할 때, 포털 검색이나 SNS를 이용할 때처럼 인터넷을 사용하는 동안에는 계속해서 탄소가 뿜어져 나와. 특히 인터넷 검색과 이메일, 온라인 쇼핑 등의 데이터 작업을 처리하는 데이터 센터는 24시간 가동될 뿐 아니라 습도, 온도 조절에도 엄청난 전력을 쓰고 있어서 탄소 배출 문제가 심각해.

스마트폰을 사용할 때 얼마나 많은 이산화탄소가 나오는지 살펴볼까? 전화 통화는 1분에 3.6그램, 데이터는 1메가바이트 사용에 11그램, 동영상 시청은 10분에 1그램의 이산화탄소가 발생한다고 해. 동영상을 1시간 동안 보면 자동차로 1킬로미터를 달리는 것과 맞먹는 탄소가 나온다고 하니 디지털 탄소 발생이 얼마나 심각한지 짐작할 수 있을 거야.

그리고 스마트폰을 자주 바꾸는 것도 문제야. 스마트폰을 생산할 때 발생하는 탄소량은 스마트폰을 10년 동안 사용할 때 발생하는 탄소량과 비슷하다고 해. 그러니 스마트폰을 오래 사용하는 것도 중요해.

이제부터 스마트폰 사용 시간을 조금씩 줄여 봐. 안 쓰는 앱은 지우고, 스트리밍보다는 다운로드를 이용하고, 한번 산 스마트폰을 오래 쓰는 것. 이게 스마트폰을 정말 스마트하게 사용하는 방법 아닐까?

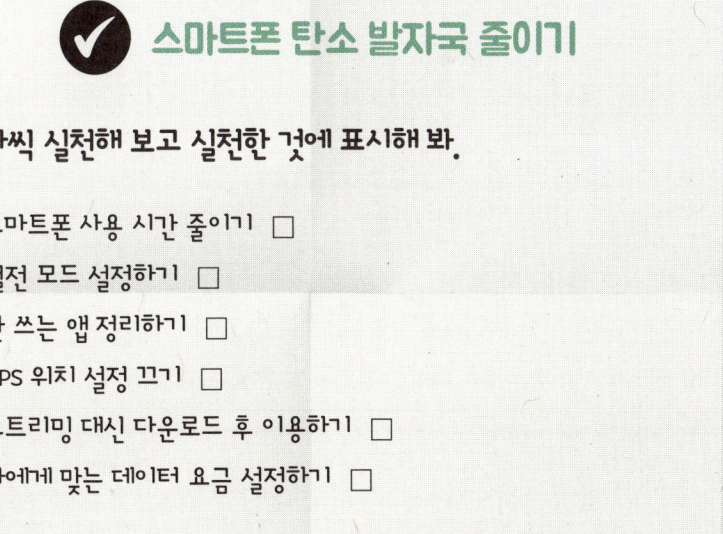

• 2장 •
일상 속 재미있는 지구 지키기

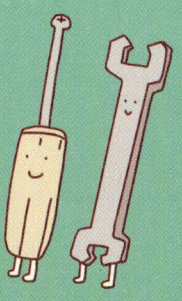

09. 쿨맵시, 온맵시 실천하기
10. 유행이 아닌 나만의 패션 만들기
11. 망가진 물건 고쳐 쓰기
12. 재활용 쓰레기로 나만의 장난감 만들기
13. 나만의 반려 식물 키우기
14. 보자기로 선물 포장하기
15. 재사용 우산 커버 사용하기
16. 아무것도 사지 않는 날 만들기

미션 09

(여름)　　　(겨울)

쿨맵시, 온맵시 실천하기

날씨에 딱 맞는 옷을 입는 것만으로도 환경을 보호할 수 있어. 여름에는 '쿨맵시'를 실천하고 겨울에 '온맵시'를 실천하면 냉난방기에 쓰는 에너지도 아끼고 멋도 낼 수 있지.

'쿨맵시'는 시원하고 멋스럽다는 뜻의 '쿨(cool)'과 옷 모양새를 뜻하는 순우리말인 '맵시'를 합친 말이야. 시원하면서도 맵시를 갖춘 옷차림을 말해. 쿨맵시를 완성하려면 가볍고 바람이 잘 통하는 옷을 입으면 돼. 마나 리넨 같은 천연 옷감으로 만든 옷도 좋고, 열 흡수가 적은 밝은 옷과 젖어도 잘 마르는 옷을 챙겨 입으면 여름을 시원하게 날 수 있을 거야.

온맵시는 따뜻할 '온(溫)'과 '맵시'를 합친 말이야. 추운 겨울에 입는 따뜻한 옷차림을 말하지. 추운 날에는 두꺼운 옷 한 벌보다는 얇은 옷을 여러 겹 입는 게 좋아. 피부에 닿는 내의는 부드럽고 얇은 옷으로, 상의는 움직이기 편하고 보온이 잘되는 옷으로, 외투는 바람을 잘 막아 주는 옷을 입는 게 좋아. 또 조끼, 목도리, 장갑, 모자 등을 활용해서 몸을 감싸면 열이 빠져나가는 걸 막을 수 있지.

이렇게 쿨맵시, 온맵시를 실천하면 여름과 겨울에 냉난방기 사용을 줄일 수 있고 냉난방기를 사용할 때 발생하는 탄소 배출량을 줄일 수 있어.

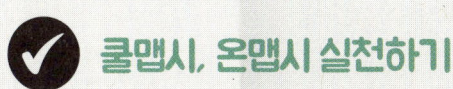

쿨맵시, 온맵시 실천하기

쿨맵시와 온맵시를 실천하고 있는지 확인해 봐.

- 여름에 꽉 낀 옷을 입지 않는다. ☐
- 여름에 밝은색 옷을 입는다. ☐
- 여름에 가볍고 땀 흡수가 잘되는 옷을 입는다. ☐
- 여름에 옷감이 겹치지 않는 옷을 입는다. ☐
- 겨울에 내복을 입는다. ☐
- 겨울에 옷을 여러 겹 겹쳐 입는다. ☐
- 겨울에 긴 양말, 목도리, 모자, 귀마개를 착용한다. ☐
- 겨울에 손난로 대신 장갑을 낀다. ☐

미션 10

유행이 아닌 나만의 패션 만들기

우리가 버린 옷들은 얼마나 될까? 그동안 새 옷에는 관심이 많아도 버려지는 옷에는 관심이 없었을 거야. 최근 몇 년 사이 버려지는 옷이 빠르게 늘어나면서 거대한 쓰레기 산을 만들고 있는데 쓰레기의 대부분이 '패스트 패션(fast fashion)' 폐기물이라고 해.

패스트 패션은 유행에 맞춰 빠르게 만들어지고 쉽게 버려지는 옷을 말해. 이렇게 버려진 옷들은 개발 도상국으로 수출됐다가 다시 팔리지 않고 사막과 땅에 그대로 버려지고 있어. 문제는 이런 옷들이 합성섬유로 만들어져서 썩는 데만 수백 년이 걸린다는 거야. 이때 옷에서 나오는 유해 물질과 미세 플라스틱이 공기와 지하수를 오염시키고 있어서 문제가 많아.

옷은 생산 과정에서도 여러 환경 문제를 일으키고 있어. 흰색 면 티셔츠 한 개를 만드는 데 들어가는 물은 한 사람이 3년 6개월간 마시는 양과 비슷하고, 청바지 한 개를 만들 때 발생하는 탄소량은 자동차로 111킬로미터를 갈 때 나오는 탄소량과 같다고 하니 정말 심각하지.

이제는 패스트 패션이 아닌 '슬로 패션(slow fashion)'에 관심을 기울여야 할 때야. 슬로 패션은 유행을 따라가는 패션이 아닌 지속 가능한 친환경적인 패션을 말해. 새 옷을 사지 않고 중고 옷을 구입하는 것, 친환경 소재로 만든 옷을 구입하는 것 모두 슬로 패션이지. 슬로 패션을 위해 어떤 실천을 할 수 있는지 살펴보자.

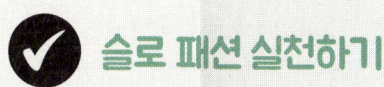

슬로 패션 실천하기

내가 실천할 수 있는 것에 표시해 봐.

- 안 입는 옷 친구들과 나눠 입기 ☐
- 깨끗한 중고 옷 구입하기 ☐
- 정말 필요한 옷인지 고민하고 구입하기 ☐
- 유행 타지 않는 옷 구입하기 ☐
- 친환경 소재로 만든 옷 구입하기 ☐
- 옷에 붙은 세탁 기호를 확인하고 올바르게 세탁하기 ☐

미션 11

망가진 물건 고쳐 쓰기

혹시 물건이 고장 났다고 덜컥 새 물건을 사고 있지는 않니? 물건을 쉽게 사고 쉽게 버리는 건 지구 자원을 낭비하는 행동이야. 망가진 물건을 고쳐 쓰면 지구 자원을 아낄 뿐 아니라 깨끗한 지구를 만드는 데 큰 도움이 될 거야.

물론 때때로 새것이 필요할 때도 있어. 하지만 고쳐 쓸 수 있는 물건을 잘 살펴보지도 않고 버리거나 물건이 싫증났다는 이유로 매번 새것으로 바꾸고 있다면 습관을 바꿔야 해.

망가진 물건을 고쳐 쓰다 보면 내 힘으로 고쳐 냈다는 뿌듯함을 느낄 수 있고 뭐든 고칠 수 있겠다는 자신감이 생겨. 손재주가 없더라도 간단하게 드라이버 같은 공구 사용법이나 바느질을 배워 두면 구멍이 난 양말이나 나사 빠진 시계 같은 것들을 쉽게 손볼 수 있을 거야.

혼자서 고치기 힘들다면 부모님이나 선생님에게 도움을 요청해도 좋고, 인터넷에 수리하는 법을 검색해도 좋아. 물건을 고쳐 써 본 경험이 있다면 물건을 고치는 나만의 물건 수리 꿀팁을 알려 줘!

 망가진 물건 고쳐 쓰기

헌 물건이나 고장 난 물건을 새것처럼 고쳐 본 적 있어?
있다면 고치는 방법을 알려 줘.

예) 더러워진 휴대폰 케이스 새것처럼 깨끗하게 하기

① 휴대폰과 케이스를 분리한다.
② 따뜻한 물에 주방용 세제 한 방울을 섞는다.
③ 부드러운 칫솔이나 천을 비눗물에 담가 적신다.
④ 칫솔이나 천으로 케이스를 살살 문지르며 닦는다.

미션 12

재활용 쓰레기로 나만의 장난감 만들기

해마다 버려지는 플라스틱 장난감만 240만 톤이라고 해. 이렇게 버려지는 장난감은 많은데 재활용이 안 돼서 문제가 되고 있어. 한 가지 소재가 아니라 플라스틱, 섬유, 금속 등을 섞어 만든 장난감이 많기 때문이야. 머릿결 찰랑이는 고무 인형을 떠올려 봐. 몸은 고무인데 머리카락은 플라스틱 섬유로 만들어져서 어떻게 버려야 할지 고민이 되지. 이렇게 분리배출이 안 되는 장난감은 일반 쓰레기로 마구 버려지고 있어. 그러니까 장난감을 고를 땐 무엇으로 만들어졌는지, 얼마나 갖고 놀게 될지 충분히 고민하고 구입해야만 해.

새 장난감도 좋지만 재활용 쓰레기들로 장난감을 직접 만들어 보면 어때? 그러면 만드는 재미와 노는 재미 둘 다 얻을 수 있을 거야. 재활용품을 만들기 재료로 쓰면 재료비도 안 들고, 직접 재활용하는 거니까 환경에도 도움이 돼.

먼저 어떤 장난감을 만들고 싶은지 생각해 보고, 재활용 쓰레기통에서 만들기 재료를 찾아봐. 망가진 장난감부터 종이 박스, 휴지심, 플라스틱병, 병뚜껑, 일회용 수저, 나무젓가락까지 모든 걸 재료로 쓸 수 있어. 나만의 상상력을 더해서 재미있는 장난감을 만들어 봐! 지구를 사랑하는 멋진 장난감 발명가가 되어 보는 거야.

 재활용 장난감 만들기

재활용 장난감 만들기를 계획해 봐.

- 장난감 이름 :
- 재활용한 재료 :
- 노는 방법 :
- 생김새 :

미션 13

나만의 반려 식물 키우기

우리는 먹고, 놀고, 잠을 자는 모든 순간순간에 이산화탄소를 만들고 있어. 이렇게 우리가 생활하면서 배출한 탄소를 다시 흡수해서 탄소 배출량을 '0'으로 만드는 것을 '탄소 중립'이라고 해.

탄소 중립을 실천하는 가장 쉬운 방법은 바로 식물을 키우는 거야. 식물은 광합성 작용을 하기 위해 이산화탄소를 흡수하고 신선한 산소를 내뿜어서 공기를 정화시켜 주거든. 식물만 있다면 집에서도 어렵지 않게 이산화탄소를 줄일 수 있는 거지.

식물 중에서는 미세먼지를 빨아들이며 습도를 조절하는 식물도 있고 잠을 푹 잘 수 있게 도와주는 식물도 있어. 식물을 가꾸면 깨끗한 공기뿐 아니라 편안한 마음까지 얻을 수 있는 거야.

식물은 집을 더욱 아름답게 하고 사람에게 큰 위로가 되고 있어. 그렇지만 무턱대고 식물을 길러서는 안 돼. 식물도 우리처럼 생명을 가진 존재니까 말이야.

식물은 조금만 관리를 소홀히 해도 금방 시들해지는데 이렇게 식물을 대하는 건 환경에 좋지 않은 행동이야. 흙, 물, 빛, 영양제 등 식물을 길러 내는 데 드는 에너지와 자원이 적지 않기 때문이지. 그러니까 식물을 키우려면 식물에 대해서 잘 알아야 해.

키우는 식물이 있다면 식물이 어떤 환경에서 잘 자라는지 살펴보고 오래오래 건강하게 키워 봐.

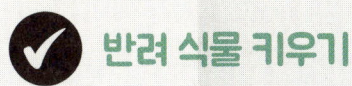

반려 식물 키우기

물, 햇빛, 흙. 식물마다 잘 자라는 환경이 다 달라.
반려 식물이 어떤 환경에서 잘 자라는지 살펴보고 적어 봐.

- 반려 식물 이름:
- 반려 식물 종류:
- 반려 식물이 좋아하는 환경:
- 반려 식물을 괴롭히는 해충:

미션 14

보자기로 선물 포장하기

　선물을 준비하는 건 아주 즐거운 일이야. 선물을 고를 땐 상대방이 어떤 선물을 좋아할지를 가장 많이 고민하겠지만 선물 내용만큼 중요한 게 또 있어. 바로 선물 포장이야.

　장난감, 인형, 학용품, 과자 등 우리가 선물로 고르는 것들은 대부분 이미 포장이 되어 있어. 상품이 망가지는 것을 방지하기 위해 포장을 하는 것이기도 하지만 손님의 눈길을 사로잡으려고 화려하게 과대 포장을 하는 경우가 많아. 그래서 포장을 뜯고 나면 어느새 포장 쓰레기가 한가득 쌓이게 되지.

　이렇게 쌓인 포장재 대부분이 재활용되지 않고 쓰레기로 버려지고 있어. 쓰레기를 처리하는 것도 일인데 제품에 포장비를 포함해서 상품 가격을 비싸게 매기기 때문에 합리적으로 소비하는 것도 어렵지.

그렇다면 지구를 위해 직접 선물을 포장해 보면 어떨까? 바로 보자기로 포장하는 거야. 네모난 천인 보자기는 옛날부터 사용한 우리나라의 전통 포장재야. 보자기는 내용물이 어떤 모양이든 다 감쌀 수 있어서 포장하기도 쉽고 깨끗하게 빨아서 여러 번 사용할 수도 있어.

보자기로 포장하는 방법은 간단해. 보자기 가운데에 선물을 놓고 엑스(X)자 모양으로 대각선 끝끼리 묶으면 돼. 요즘에는 인터넷에 다양한 보자기 포장 방법과 매듭 방법이 많이 나와 있어서 좀 더 멋지게 포장할 수도 있어. 조금 낯선 방법이지만 지구를 위해 친환경 포장으로 더욱더 의미 있는 선물을 하면 어떨까?

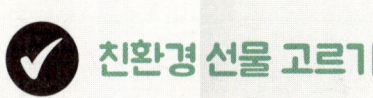

✅ **친환경 선물 고르기**

내가 실천하고 있는 것에 표시해 봐.

- 과대 포장 제품 사지 않기 ☐
- 개별 포장 제품 사지 않기 ☐
- 보자기 버리지 않고 모아 두기 ☐
- 보자기와 매듭을 활용한 포장 방법 배우기 ☐
- 포장지와 종이 가방 깨끗하게 쓰고 재사용하기 ☐
- 포장할 때 비닐 뽁뽁이 대신 신문지 사용하기 ☐

미션 15

재사용 우산 커버 사용하기

비 오는 날이면 가게나 건물 입구에 놓인 우산용 비닐을 볼 수 있을 거야. 우산에서 빗물이 떨어지지 않도록 우산을 비닐로 덮어 씌우는 거지. 그런데 이 우산 비닐이 지구를 아프게 하고 있어.

우산 비닐은 우리나라에서 한 해 동안 1억 장이나 버려진다고 해. 비닐은 재활용이 되는 소재이지만 우산 비닐은 비닐 안에 남은 물기 때문에 비닐류로 배출되지 못하고 일반 쓰레기로 버려지고 있어.

우산 비닐은 고밀도 폴리에틸렌으로 만드는데 이 원료는 보통 페트병 뚜껑, 플라스틱 상자 등에 사용될 만큼 내구성이 높아. 그래서 일반 쓰레기로 땅에 묻으면 썩는 데만 최소 100년이 걸리고 소각할 땐 발암

물질인 다이옥신이 배출된다고 해.

몇몇 공공기관에서는 우산 비닐 문제를 해결하기 위해 비닐 대신 빗물 털이기나 빗물 흡수용 카펫으로 물기를 없애고 있어. 하지만 여전히 우산 비닐을 사용하는 곳이 많기 때문에 지금으로서는 한 사람 한 사람이 나서서 우산 비닐을 쓰지 않는 것이 최선이야.

그러니까 건물에 들어가기 전에는 우산을 힘껏 털어서 물기를 없애고 일회용 비닐 대신 여러 번 사용할 수 있는 재사용 우산 커버를 사용하는 게 좋아. 우산 커버는 작고 가벼워서 잃어버리기가 쉬운데 우산 손잡이에 둘둘 묶어 놓으면 잃어버리지 않고 오래 쓸 수 있어. 우산 비닐 쓰레기가 사라지는 그날까지 열심히 실천해 보자.

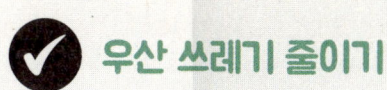 **우산 쓰레기 줄이기**

우산을 잘 사용하고 있는지 확인해 봐.

- 우산 잃어버리지 않도록 이름 쓰기 ☐
- 비 예보가 있는 날에는 우산 꼭 챙기기 ☐
- 재사용 우산 커버 우산에 묶어 두기 ☐
- 비가 그치면 우산 펼쳐서 물기 바짝 말리기 ☐
- 망가진 우산 천과 우산살 분리해서 버리기 ☐

미션 16

아무것도 사지 않는 날 만들기

'아무것도 사지 않는 날'은 1992년 캐나다의 예술가 테드 데이브로부터 시작된 캠페인이야. 사람들의 지나친 소비 행동을 보며 문제의식을 가지게 된 테드 데이브는 과소비 문제를 널리 알리기 위해서 '아무것도 사지 않는 날'을 만들고 직접 운동에 나서기 시작했어.

아무것도 사지 않는 날은 말 그대로 하루 동안 아무것도 사지 않으면서 소비 행동을 반성해 보는 날인데 과소비로 인한 환경 오염이 점점 심각해지면서 모두가 관심을 갖는 전 세계적인 캠페인이 되었어. 우리나라도 1999년부터 환경 단체 녹색연합이 캠페인을 앞장서서 이끌고 있지. 11월 26일, 일 년에 단 하루지만 한 달에 한 번 또는 일주일에 한 번씩 실천하며 소비 습관을 돌아보면 좋겠어.

물건을 사지 않는 것만으로도 많은 에너지와 자원을 아낄 수 있어. 그렇다고 소비를 아예 안 할 수는 없으니까 소비를 올바르게 하고 있는지 항상 점검해야만 해.

먼저 물건을 사기 전에는 '정말 필요한 걸까?' 질문하고 갖고 있는 물건 중에서 비슷한 게 없는지, 고장 났다면 고쳐서 사용할 수는 없는지 생각해 봐야 해. 이렇게 하면 과소비와 충동 소비를 막을 수 있어. 그리고 자신의 개성을 파악하고 자신에게 무엇이 어울리는지 잘 아는 것도 중요해. 그러면 유행을 따라서 소비하는 일도 줄어들 거야.

아무것도 사지 않는 날은 욕심을 내려놓는 날이야. 지구를 생각하는 마음이 욕심을 이길 수 있도록 소비 습관을 되돌아보며 미션을 실천해 봐.

아무것도 사지 않는 날 만들기

아무것도 사지 않는 날을 정하고 소비 습관을 되돌아봐.

- 아무것도 사지 않는 날: 매월 .... 일

- 사 놓고 안 쓰는 물건:

- 계획 없이 갑자기 산 물건:

- 남에게 자랑하려고 산 물건:

• 3장 •
쓰레기 집합소, 부엌에서 지구 지키기

17. 빈 그릇 만들기
18. 못난이 농산물 사랑하기
19. 가족과 함께 친환경 장보기
20. 물티슈 대신 물수건 사용하기
21. 배달 음식 주문할 때 한번 더 생각하기
22. 일회용품을 다회용품으로 바꿔 쓰기
23. 냉장고 사용법 익히기
24. 고기 없는 날 만들기
25. 먹지 않는 약 약국에 반납하기

미션 17

빈 그릇 만들기

식사 시간에 음식을 남기지 않고 잘 먹고 있어? 환경을 생각한다면 음식을 남기지 않는 게 중요해. 우리가 무심코 남기는 밥과 반찬이 음식물 쓰레기가 되어 환경을 오염시키고 있거든.

음식물 쓰레기는 식품을 생산하고 조리하는 과정에서 발생하는 쓰레기와 먹다 남긴 음식 찌꺼기를 말해. 이 음식물 쓰레기는 우리나라에서만 하루 2만 톤이 넘게 버려지고 있어. 따지고 보면 모든 사람이 날마다 400그램씩 버리고 있는 셈이지. 게다가 음식물 쓰레기 중에서 70퍼센트는 가정과 소형 음식점에서 버려진다고 하니까 일상에서 배출되는 음식물 쓰레기가 가장 많은 거야.

집에 음식물 쓰레기를 오래 놔두면 악취가 심하게 나지? 음식물 쓰레기는 이렇게 냄새를 낼 뿐만 아니라 많은 온실가스를 배출하고 있어. 음식을 생산하고 운송하는 과정에서 화석 연료가 쓰일 뿐 아니라 음식물 쓰레기가 부패할 때에도 온실가스가 나오기 때문이야.

음식물 쓰레기를 줄이려면 어떻게 해야 할까? 우리가 할 수 있는 가장 쉬운 방법은 집에서도 학교에서도 음식을 먹을 만큼만 덜고 남기지 않고 다 먹는 거야. 그리고 채소 뿌리와 채소 껍질, 달걀 껍데기처럼 음식물 쓰레기가 아닌 것들을 일반 쓰레기로 잘 버려야 하지. 음식물도 분리배출만 잘하면 사료나 퇴비로 재활용할 수 있거든.

음식을 남기지 않은 빈 그릇 사진을 친구들과 공유해 보면 어떨까? 지구 지킴이 친구들과 함께 재미있게 실천해 봐.

음식물 쓰레기 줄이기

내가 실천하고 있는 것에 표시해 봐.

- 반찬은 먹을 만큼만 덜어 먹기 ☐
- 음식 남기지 않고 싹싹 비우기 ☐
- 식당에서 먹고 남은 음식 포장하기 ☐
- 빨리 먹어야 하는 음식은 잘 보이는 곳에 두기 ☐
- 껍질 먹을 수 있는 과일과 채소 껍질째 먹기 ☐
- 장 볼 때 소비기한 확인하기 ☐

미션 18

못난이 농산물 사랑하기

채소나 과일 같은 농산물은 수확한 뒤에 분류 작업을 거치고 있어. 겉면에 상처가 나거나 모양이 고르지 않은 농산물은 상품성이 없어서 따로 골라내야 하지. 못생겨서 판매되지 못하는 농산물을 '못난이 농산물'이라고 부르는데 실제 맛이나 품질은 차이가 없는데도 맛없어 보인다는 오해 때문에 소비자들에게 선택받지 못하고 그냥 버려지고 있어. 이렇게 매년 버려지는 농산물은 재배한 농산물 중에서 적게는 10퍼센트, 많게는 50퍼센트나 된다고 해.

그런데 2014년 프랑스에서 '식자재 새활용 운동'이 시작되면서 못난이 농산물에 대한 사람들 생각이 바뀌게 되었어. 식자재 새활용 운동은 맛과 영양에는 문제가 없지만 겉보기에 상품 가치가 떨어지는 식품들을 적극적으로 구매하여 음식물 쓰레기를 줄이는 운동이야. 못난이 농산물을 적극 사용하면 음식물 쓰레기도 줄일 수 있고 기존 농산물보다 가격도 저렴해서 합리적으로 소비할 수 있지.

우리나라에서도 못난이 농산물에 대한 인식이 점차 바뀌고 있어. 대형 프랜차이즈 카페는 못난이 과일을 대량 구매해 음료를 만들어 팔기도 하고, 온라인 쇼핑몰에서는 못난이 농산물만 모아 꾸러미를 만들어 팔기도 해. 그래서 어디서든 못난이 농산물을 쉽게 볼 수 있게 됐지.

우리 지구 지킴이들도 못난이 농산물을 사랑해 주면 좋겠어. 못생긴 농산물이 모두의 식탁에 당당히 오를 수 있도록 말이야.

 못난이 농산물 사랑하기

내가 먹어 본 못난이 농산물을 그림으로 그리고 글로도 써 봐.

식품 소비기한을 확인해 줘

우리나라는 2023년부터 유통기한 대신 소비기한을 표시한다고 해. 소비기한은 식품에 표시된 보관 방법을 지킬 경우 먹어도 안전에 이상이 없는 기한을 말해. 이전에는 유통기한을 표시했지만 유통기한은 실제 식품을 먹을 수 있는 기간보다 70퍼센트 정도 짧게 정해져 있어서 멀쩡한 식품도 불필요하게 버려지곤 했어. 그러니까 앞으로는 소비기한과 보관 방법을 꼼꼼히 살펴봐야 해. 집에 있는 식품들을 안전하게 보관해서 음식물 쓰레기 줄이기에 앞장서 봐.

| 식품별 유통기한과 소비기한 |

식품	유통기한	소비기한	보관 방법
우유	10일	+50일	냉장보관
달걀	20일	+25일	
두부	14일	+90일	
식빵	3일	+20일	냉동보관
냉동만두	9개월	+1년	

*미개봉 기준

미션 19

가족과 함께 친환경 장보기

가족과 함께 장을 보러 가기 전에 반드시 해야 할 게 있어. 바로 냉장고를 살펴보는 거야. 냉장고에 어떤 식재료가 남아 있는지 미리 확인하는 건데 이렇게 하면 장보기 목록을 쉽게 쓸 수 있고 남은 식재료를 어떻게 활용할지 계획해 볼 수도 있어. 목록을 보고 꼭 필요한 것만 사니까 과소비 걱정도 없지.

그리고 장 보러 갈 때는 물건을 담을 장바구니와 식재료를 덜어 담을 다회용기를 꼭 챙겨야 해. 대형마트나 규모가 큰 슈퍼마켓에서는 비닐봉지 사용을 금지하고 있지만 시장이나 작은 가게들은 여전히 비닐봉지를 사용하고 있으니까 말이야.

계산을 끝내고 물건을 담을 땐 비닐봉지 대신 장바구니를 사용하고 생선 가게나 정육점에서 식재료를 구입할 땐 다회용기를 내밀어 봐. 비닐봉지, 비닐랩, 스티로폼 쓰레기를 모두 줄일 수 있어.

그리고 식재료가 어디에서 온 건지 확인하는 것도 중요해. 되도록 국내산 식재료를 구입하는 게 좋아. 수입산은 우리나라까지 들여오는 과정에서 환경 오염을 일으키니까 말이야. 가까운 지역 먹거리를 소비하면 유통에 들어가는 에너지를 아낄 수 있고 지역 발전에도 도움이 돼.

그밖에도 과대 포장 없는 물건 구입하기, 친환경 마크가 붙은 물건 구입하기 등 실천할 게 많아. 아래 미션을 확인하고 하나씩 실천해 봐!

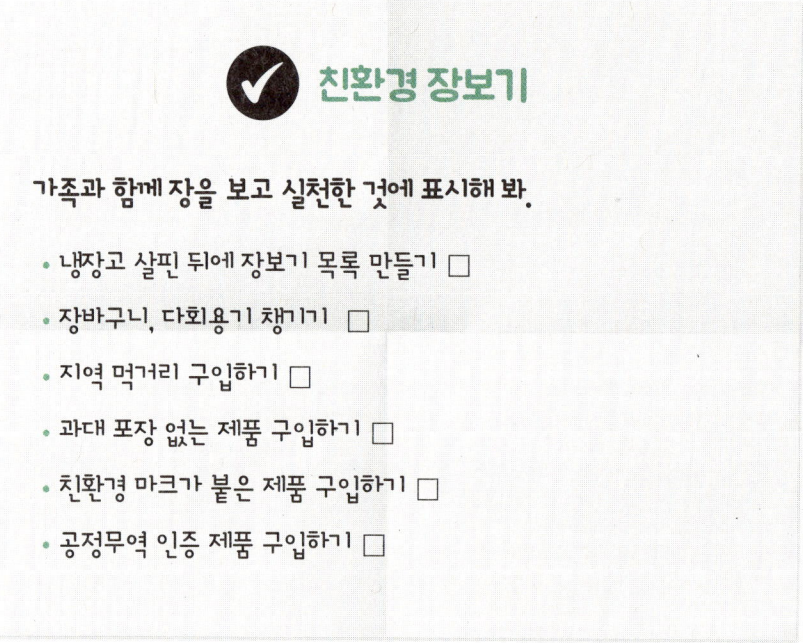

공정무역 제품을 골라 봐!

장을 볼 때 되도록 국내산 식재료를 구입하면 좋겠다고 말했지만 설탕, 커피, 올리브오일, 초콜릿처럼 우리나라에서 생산되지 않는 제품은 어쩔 수 없이 수입산을 고를 수밖에 없어. 이럴 땐 '공정무역' 제품을 고르는 게 좋아. 공정무역은 개발 도상국 생산자들이 자립을 할 수 있도록 값을 잘 치러서 생활 기반을 마련하는 데 도움을 주는 착한 거래거든. 게다가 공정무역 농부들이 친환경 농사를 지으며 기후 위기 대응에 노력하고 있어서 친환경적인 거래이기도 해.

미션 20

물티슈 대신 물수건 쓰기

물티슈를 얼마나 자주 사용하고 있어? 물티슈는 물이 묻어 있어서 뭐든 가볍게 닦기 좋고 휴지보다 질겨서 여기저기 쓰임새가 많아. 그래서 곁에 두고 쓰는 생활 필수품이 되었지.

그런데 물티슈에 플라스틱이 들어 있다는 거 알고 있어? 물티슈는 티슈(화장지)라는 말이 붙어 있어서 종이로 만들었다고 생각하기 쉽지만 사실 플라스틱 원단으로 만들어졌어. 그래서 미세 플라스틱이 녹아 나올 위험이 크고 땅에 묻어도 분해되지 않지.

물티슈를 휴지처럼 변기에 버리는 사람들도 있는데 물티슈는 반드시 쓰레기통에 버려야 해. 물에 녹지 않은 물티슈가 머리카락 등 여러 쓰레기와 엉키면서 하수 처리 시설을 고장 나게 하거든. 그리고 하수 처리 시설에서 걸러지지 못한 미세 플라스틱이 곧바로 바다로 흘러가서 생태계를 오염시키지.

물티슈는 우리나라에서만 129만 톤 이상 생산되고 있다고 해. 한 집에서만 1년에 60킬로그램을 사용하는 셈인 거야. 게다가 그보다 더 자주 사용하는 화장지도 환경 호르몬으로 우리 건강을 해치고 환경을 오염시키고 있어. 우리가 화장지 사용을 20퍼센트만 줄이면 매년 43만 2,900그루의 소나무를 살릴 수 있다고 하니까 물티슈뿐 아니라 화장지 사용도 줄여 나가야 해.

물티슈와 화장지 대신 물수건을 사용하면 미세 플라스틱과 환경호르몬 걱정을 덜 수 있어. 집에서는 행주와 걸레를 사용하고 밖에서는 손수건을 항상 지니고 다니면서 물티슈를 아껴 보면 어떨까?

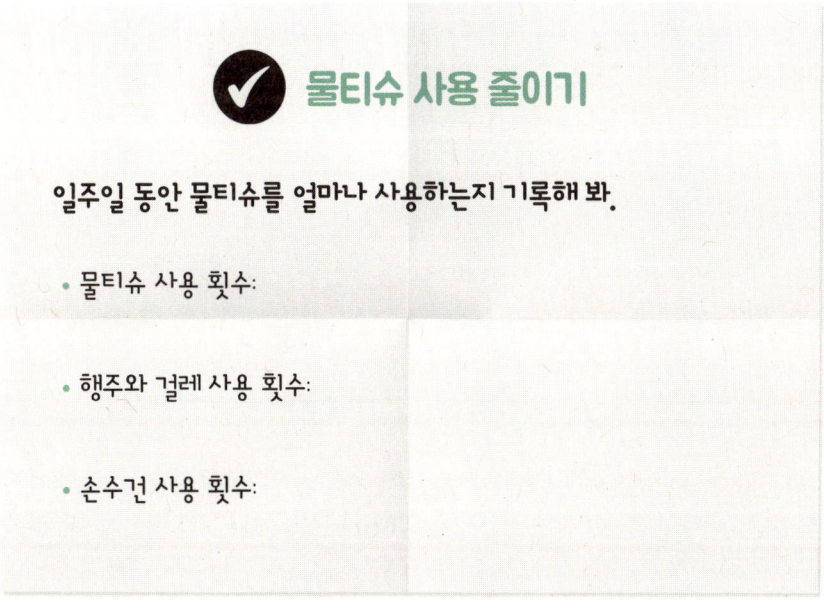

미션 21

배달 음식 주문할 때 한번 더 생각하기

배달 서비스가 다양해지면서 배달 음식을 이용하는 사람도 점점 많아지고 있어. 하지만 편하게 먹는 배달 음식이 꼭 좋은 것만은 아니야. 배달 음식 때문에 생겨나는 쓰레기가 어마어마하거든.

배달 음식으로 발생하는 플라스틱 쓰레기만 하루에 800만 개가 넘는다고 해. 배달 음식이 잘 팔릴수록 일회용 플라스틱 쓰레기도 빠르게 늘어나게 되는 거지.

음식 배달과 포장에 사용되는 일회용품이 해양 플라스틱 쓰레기의 절반을 차지한다는 연구 결과도 나왔어. 우리나라에서 만들어 낸 플라스틱 쓰레기가 매년 약 5,000마리의 바닷새와 500마리의 해양 포유류를 죽게 한다는 연구도 발표됐고 말이야.

바닷속을 쉽게 청소할 수 있으면 좋겠지만 한번 바다로 들어간 플라스틱 쓰레기는 수거도 어렵고 처리도 어려워. 그러니까 일회용 플라스틱 줄이기를 반드시 실천해야 해.

배달 음식만 줄여도 일회용 플라스틱을 많이 줄일 수 있어. 실제로 배달 앱을 운영하는 회사들이 '일회용 수저 안 받기'를 기본으로 설정한 뒤로 일회용 수저 주문이 크게 줄었다고 해. 별거 아닌 것 같아도 큰 변화를 만들고 있는 거지. 배달을 이용해야 한다면 주문할 때 일회용 수저나 먹지 않는 반찬과 소스를 빼 달라고 요청해 봐.

그리고 다 먹은 플라스틱 용기는 비닐 조각을 최대한 제거하고 깨끗이 헹군 다음 말려서 버려야 한다는 거 잊지 마.

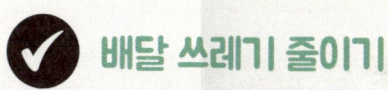

✔ 배달 쓰레기 줄이기

하나씩 실천해 보고 실천한 것에 표시해 봐.

- 일회용 수저, 안 먹는 반찬 거절하기 ☐
- 가까운 곳은 다회용기를 가져가서 직접 포장해 오기 ☐
- 배달 온 플라스틱 용기가 몇 개인지 기록하기 ☐
- 포장 용기 말끔히 씻어서 버리기 ☐
- 포장 용기에 붙은 비닐 조각 최대한 제거하고 버리기 ☐
- 재활용이 어려운 작은 용기는 닦아서 일반 쓰레기로 버리기 ☐

미션 22

일회용품을 다회용품으로 바꿔 쓰기

일회용품이 무조건 나쁜 것만은 아니야. 꼭 한 번만 사용해야 하는 것들도 있거든. 병원에서 쓰는 주사바늘이나 링거처럼 안전과 위생이 중요한 것들은 일회용품을 사용하는 게 적절해.

하지만 일회용품을 대신할 수 있는 물건이 있는데도 싸고 편하다는 이유로 일회용품을 고집하는 사람이 많아. 그리고 일회용기가 다회용기보다 깨끗할 거라고 생각하는 사람도 있지.

다회용기는 세척과 살균이 가능하지만 일회용기는 세척하지 않고 바로 사용하기 때문에 불순물이 있을 가능성이 높아. 게다가 뜨거운 음식을 담으면 미세 플라스틱이 나오기도 하니까 다회용기가 훨씬 위생적이지.

　가볍고 값싼 일회용품이 편리함으로 우리를 유혹하고 있지만 쉽게 쓰고 쉽게 버려지는 만큼 환경을 오염시키고 우리 건강을 해치고 있다는 걸 기억해야 해.

　주방이나 거실에 가서 일회용품이 얼마나 있는지 찾아보고 얼마나 버려지고 있는지 살펴봐. 일회용 컵, 일회용 비닐장갑, 일회용 면봉, 일회용 마스크, 일회용 테이프클리너 등 우리가 일상에서 일회용품을 얼마나 많이 사용하고 있는지 알 수 있을 거야.

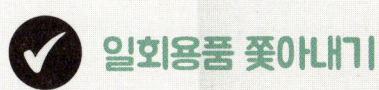

주변에서 일회용품을 찾아보고
일회용품을 대신할 수 있는 물건을 적어 봐.

예) 일회용 주방 비닐랩 → 반찬통, 밀랍랩

미션 23

냉장고 사용법 익히기

냉장고는 식료품을 신선하게 보관해 주는 고마운 존재야. 집집마다 한 대는 기본이고 두세 대씩 쓰는 집도 있을 만큼 많이 쓰이고 있지. 하지만 냉장고에 쓰이는 냉매와 에너지가 오존층을 파괴하고 지구 온난화를 일으키고 있어. 음식을 시원하게 해 주는 냉장고가 지구를 점점 더 뜨겁게 만들고 있는 거지.

그러니까 냉장고를 올바르게 사용하는 법을 익혀야 해. 가장 중요한 건 밖으로 새 나가는 에너지를 막는 거야. 냉장고를 열 때마다 찬 공기가 30퍼센트씩 빠져나간다니까 문이 닫혔는지 항상 확인하고 되도록 문을 자주 열지 않는 게 좋아. 냉장고 문을 자주 열면 습도가 높아져서 성에가 생길 수 있어. 성에가 쌓이면 냉장고가 좁아지고 냉장, 냉동 기능도 떨어지니까 방치하지 말고 얼른 제거해야 해.

냉장고 온도를 너무 낮게 설정하는 것도 에너지 낭비야. 냉장실은 3~5도, 냉동실은 영하 18도로 적정 온도를 유지하는 게 중요해. 그리고 또 냉장실은 가득 채우지 말고 60퍼센트 정도만 채워 두는 게 좋아. 그래야 냉기 순환이 잘 되거든.

어질러진 냉장고를 정리하는 것도 새는 에너지를 잡는 방법 중 하나야. 어느 칸에 뭐가 있는지 목록을 적어 붙이고 투명한 용기에 반찬을 담아 두면 뒤적거릴 필요 없이 금방 꺼낼 수 있어.

냉장고가 이미 꽉 차 있다면 채우기를 멈추고 비우기를 실천해 봐. 먹을거리를 새로 사지 않고 냉장고 안에 있는 음식만 먹고 지내 보는 거야. 끼니도 해결하고 환경도 보호할 수 있어.

냉장고 상태 점검하기

냉장고 상태를 점검하고 냉장고를 정리해 봐.

- 냉장고 온도는 몇 도야?

- 냉동실에 성에는 얼마나 있어?

- 냉장고를 정리하면서 새롭게 발견한 음식이 있어?

미션 24

고기 없는 날 만들기

소의 하품과 방귀가 환경에 큰 문제를 일으키고 있어. 소가 하품을 하고 방귀를 뀔 때마다 메탄가스가 배출되기 때문이야. 메탄가스는 아주 독한 온실가스인데 이산화탄소보다 20배 더 강력하다고 해. 소 한 마리가 자동차 한 대 만큼 온실가스를 배출한다고 하니까 얼마나 강력한지 알 수 있을 거야.

그래서 캘리포니아, 아일랜드, 에스토니아, 덴마크 등에서는 축산업에서 배출되는 온실가스를 줄이기 위해 '소 방귀세'를 만들었어. 목장 주인에게 세금을 내게 하고 가축 수를 줄이도록 유도하여 지구 온난화를 막으려는 거지.

그리고 또 소는 몸집이 커서 먹는 양도 많고 배출하는 배설물 양도 많아. 소에게 먹일 사료를 생산하려면 넓은 경작지가 필요한데 산을 깎아 경작지를 마련하고 있어서 산림 파괴 문제가 심각해. 게다가 배설물로 인한 수질 오염과 토양 오염도 심각하지.

하지만 소는 잘못이 없어. 환경에 나쁜 영향을 끼치고 있는 건 육류를 사고 파는 축산업 시장이야. 이런 이유로 육류 소비를 줄이고 채식을 하는 사람이 많아지고 있다고 해. 채소 위주의 식단으로 축산업 온실가스를 조금이나마 줄이려는 거지.

요즘에는 채소 요리법도 다양하고 고기를 대신할 대체육도 많이 개발되고 있으니까 어렵지 않게 도전해 볼 수 있어. 지구 지킴이들도 매일은 아니어도 일주일에 하루 '고기 없는 날'을 정해서 실천해 봐.

고기 없는 날을 정하고 무얼 먹을지 적어 봐.

- 고기 없는 날은 언제로 정했어?

- 고기 없는 날에 어떤 걸 먹을 거야?

- 주변에 채식을 하는 사람이 있니?

미션 25

먹지 않는 약 약국에 반납하기

먹다 남은 약을 아무 데나 버리는 건 아주 위험해. 우리가 무심코 버린 약이 땅과 물로 흘러 들어가서 수질과 토양을 오염시키고 있거든. 실제로 지역 하천에서 진통제나 항생제 등 여러 가지 약 성분 검출되었다고 하는데 이 약성분이 동식물의 유전자 변이를 일으킬 수도 있어서 약을 폐기할 땐 특별히 조심해야 해.

아마 지금까지는 쓰레기통, 하수구, 변기를 통해 의약품을 처리했을 테지만 앞으로는 절대 그러면 안 돼. 올바른 방법은 가까운 약국이나 보건소, 주민센터에 있는 '폐의약품 수거함'에 버리는 거야. 알약, 가루약뿐만 아니라 물약, 연고, 안약도 마찬가지로 폐의약품 수거함에 버려야 하니까 꼭 기억해 둬.

 약도 분리배출 하듯 종류별로 모아서 버리는 게 좋아. 알약은 알약끼리 포장을 벗겨서 모으고 가루약은 내용물이 날릴 수 있으니 포장지째 모아서 버리면 돼. 시럽은 한 통에 옮겨 담는 게 좋고 연고, 안약, 스프레이형 약품은 내용물이 새지 않게 꽉 닫아서 버려 줘.

 약을 모아 뒀다가 다시 쓰려고 하는 지킴이들은 없겠지? 먹다 남은 약을 아깝다고 계속 갖고 있으면 안 돼. 약도 사용기한이 있기 때문이야. 병원에서 처방받은 알약은 두 달, 분말 형태의 가루약과 시럽 약은 한 달 안에 먹는 게 좋아. 기한이 지났다면 가지고 있지 말고 반드시 폐의약품 수거함에 가져가서 버리도록 해.

 병을 치료하는 약도 함부로 버리면 지구를 병들게 해. 주변에 폐의약품 수거함을 모르는 사람이 있다면 꼭 알려 줘.

 폐의약품 수거함 찾기

먹지 않는 약을 모으고 폐의약품 수거함을 찾아 봐.

- 버려야 할 약이 얼마나 있어?

- 가장 가까운 폐의약품 수거함은 어디에 있어?

• 4장 •
알뜰살뜰 우리 집 지구 지키기

26. 햇볕 등 사용하기
27. 친환경 청소법으로 집 청소하기
28. 폐건전지 전용 수거함에 버리기
29. 생명을 지켜 주는 깜깜한 밤 보내기
30. 실내 온도를 적정 온도로 맞추기
31. 우리 집 친환경 보물 찾기
32. 대기 전력 무찌르기

미션 26

햇볕 등 사용하기

매년 4월 22일은 '지구의 날'이야. 이날은 환경 문제의 심각성과 환경 보호의 필요성을 생각해 보는 날인데 시민들이 힘을 합쳐 만든 기념일이라서 더욱 의미가 있어.

지구의 날은 1970년에 미국 해상에서 발생한 기름 유출 사고를 계기로 처음 만들어졌어. 사고 이후 한 미국 상원의원이 지구의 날을 주장한 게 시작이었지. 그때 한 대학생이 지구의 날 행사를 주도했는데 이때 2천만 명이나 되는 시민들이 지구의 날 행사에 동참했다고 해. 그 이후로 환경 문제에 관심을 갖는 사람이 많아지면서 전 세계적으로 퍼지게 되었지.

지금은 우리나라를 포함한 세계 150여 개 나라가 지구의 날 행사에 동참하고 있어. 대표적인 행사로는 매년 4월 22일 저녁 8시부터 10분 동안 모든 불을 끄는 소등 행사가 있지.

짧은 시간이지만 이렇게 다 같이 소등을 하면 이산화탄소 감축 효과가 아주 크다고 해. 매년 3월 마지막 주 토요일에는 무려 1시간 동안 소등을 하는 '어스아워(Earth Hour)' 캠페인도 있으니까 꼭 동참해 봐. 환경도 보호하고 지구를 생각하는 소중한 시간을 가질 수 있어.

이런 의미 있는 소등 행사를 매일 해 보면 어떨까? 집에서는 물론이고 학교 쉬는 시간이나 점심시간에 불을 끄고 '햇볕 등'을 사용하는 거야. 낮에는 햇볕이 많이 들어서 불을 켜지 않아도 충분히 밝으니까 말이야. 교실, 화장실, 복도처럼 창문이 있는 곳이라면 어디든 가능해. 친구들과 햇볕 등을 사용하면서 매일매일을 지구의 날로 만들어 봐!

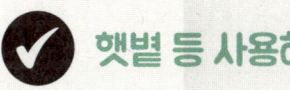

✓ 햇볕 등 사용하기

햇볕 등을 사용해 보고 적어 봐.

- 햇볕 등을 사용하기 좋은 곳은 어디야?

- 햇볕 등을 켜 놓고 주로 무얼 해?

- 햇볕 등의 어떤 점이 좋아?

미션 27

친환경 청소법으로 집 청소하기

청소할 때 쓰는 세제가 환경뿐만 아니라 우리 몸에도 나쁜 영향을 미칠 수 있다고 해. 몇몇 청소 세제 안에 화학 물질과 유해 성분이 들어 있기 때문이야.

다행히도 우리 주변에서 쉽게 볼 수 있는 식초, 콜라, 베이킹파우더, 구연산 등으로 청소 세제를 대신할 수 있으니까 청소할 때 최대한 활용하면 좋겠어.

먼저 만능 청소꾼 베이킹파우더를 소개할게. 베이킹파우더는 빵이나 과자를 만들 때 넣는 식품 첨가물이야. 먹어도 되는 안전한 가루라서 걱정 없이 쓸 수 있지. 침대나 카페트에 베이킹파우더를 뿌리고 문지르다가 걷어 내면 냄새와 얼룩을 쉽게 없앨 수 있고 따뜻한 물과 베이킹파우더를 반죽처럼 섞어서 기름때가 있는 곳에 발라 주면 기름때를 쉽게 제거할 수 있어. 그리고 냄새나는 하수구와 변기 청소에도 으뜸이야. 다만 약염기성인 베이킹파우더는 금속을 부식시킬 수 있기 때문에 금속 재질을 청소할 때는 주의해야 해.

김빠진 콜라와 식초, 레몬도 청소 효과가 좋아. 김빠진 콜라는 냄비의 탄 자국이나 변기의 찌든 때를 말끔하게 없앨 때 좋고, 산성인 식초와 레몬은 살균을 하고 얼룩을 없앨 때 좋은 친환경 세제지.

청소 도구를 고를 때도 환경을 생각해야겠지? 플라스틱으로 만든 청소용 수세미는 미세 플라스틱으로 쪼개져 강과 바다로 흘러갈 수 있어. 그러니 플라스틱 수세미보다는 미세 플라스틱 위험이 없는 친환경 수세미를 사용해야 해. 집에 흔히 있는 걸레나 삼베 수세미, 코코넛 브러시 같은 친환경 청소 도구를 사용해 해서 깨끗하게 집을 청소해 봐.

친환경 청소법으로 집 청소하기

하나씩 실천해 보고 실천한 것에 표시해 봐.

- 베이킹소다로 기름때, 손때 묻은 곳 청소하기 ☐
- 식초나 구연산으로 욕실 물때, 전기 포트 얼룩 청소하기 ☐
- 욕실 타일 틈새에 양초를 문질러서 곰팡이 방지하기 ☐
- 플라스틱 청소 솔, 수세미 대신 친환경 청소 도구 사용하기 ☐

미션 28

폐건전지 전용 수거함에 버리기

건전지는 텔레비전 리모컨이나 벽걸이 시계, 장난감 같은 생활용품에 많이 쓰이고 있어. 그런데 다 쓴 건전지를 무심코 쓰레기통에 버리는 게 위험한 행동이라는 거 알고 있어?

폐건전지 속에는 아연, 흑연, 망간, 니켈, 카드뮴 같은 많은 화학 물질이 들어 있어. 이러한 폐건전지를 일반 쓰레기로 버리면 건전지 속에 남아 있는 화학 물질과 중금속이 쓰레기를 매립한 땅으로 스며들어 토양과 지하수가 오염되고 말아. 그래서 폐건전지는 반드시 전용 수거함에 버려야만 해.

폐건전지는 지구뿐 아니라 우리 건강을 위협하기도 해. 흔히 동전전

지라고 부르는 수은전지에는 0.5그램 정도 되는 수은이 들어 있는데 독성이 강해서 몸에 닿지 않게 조심해야 해.

그렇지만 폐건전지가 위험하기만 한 건 아니야. 폐건전지는 수거만 제대로 하면 새 건전지를 만드는 중요한 자원으로 재활용할 수 있어. 건전지에 들어있는 철, 아연, 망간은 재활용이 가능해서 광물 수입량을 줄여 주는 경제적인 효과가 있지.

폐건전지를 올바르게 버리려면 어떻게 해야 할까? 폐건전지는 이물질을 제거한 뒤에 주민센터나 아파트에 마련된 전용 수거함에 버리면 돼. 녹슬면 재활용할 수 없으니까 물에 닿지 않게 주의하고 다 쓴 건전지는 건전지 액이 새기 전에 빨리 빼서 버리도록 해.

집안 어딘가에 굴러다니는 폐건전지가 있을 거야. 서랍도 한번 열어 보고 작동을 멈춘 기기의 건전지함도 한번 살펴봐. 폐건전지를 방치하지 않고 올바르게 처리하면 집도 환경도 안전하게 지킬 수 있어.

✓ 폐건전지 찾아서 버리기

폐건전지를 모은 다음 전용 수거함에 버려 보자.

- 내가 찾은 폐건전지 개수:

- 폐건전지를 발견한 곳:

- 우리 동네 폐건전지 수거함 위치:

미션 29

생명을 지켜 주는 깜깜한 밤 보내기

어둠을 밝히는 빛도 때로는 잠시 꺼 둘 필요가 있어. 밤에 켜 둔 가로등, 간판 조명, 실내 전등과 같은 인공조명이 야생동물을 위협하고 있기 때문이야. 지나친 인공조명 때문에 사람이나 동물이 입게 되는 피해를 빛 공해라고 하는데 우리나라는 빛 공해 면적이 89.4퍼센트나 돼. 주요 20개국 가운데 2위를 차지할 정도로 심각하지.

우리 몸에는 몸의 리듬을 조절하는 생체 시계가 있어. 생체 시계 덕분에 낮과 밤에 따라 체온이나 호흡을 다르게 해서 건강을 유지할 수 있지. 그런데 야간 인공조명이 생체 시계를 혼란스럽게 해.

생체 시계는 멜라토닌이라는 호르몬에 의해 움직이는데 밝은 야간

조명이 호르몬 분비를 방해하고 있어. 생체 시계가 망가지면 몸이 밤을 낮으로 착각해서 밤에 잠을 못 자게 돼. 그러면 피곤함과 스트레스를 느끼게 되고 이런 증상이 심해지면 암이나 정신 질환 같은 큰 병으로 이어질 수 있어.

빛 공해는 동식물에게도 영향을 미쳐. 철새들은 별빛으로 방향을 잡아 움직이는데 밤을 환히 밝히는 인공조명 때문에 길을 헤매게 됐고, 밤에 활동하는 부엉이는 활동 영역이 줄어들게 됐어. 낮에만 울던 매미는 낮과 밤을 구분하지 못해서 종일 울게 됐고 말이야. 그리고 식물은 때가 되면 줄기 성장을 멈추고 꽃을 맺어야 하는데 인공조명 때문에 밤낮없이 계속 자라기만 해서 아무 것도 맺지 못할 때가 많아.

빛은 어둠을 밝혀 주는 고마운 존재이기도 하지만 이렇게 생명들의 밤을 빼앗기도 해. 밤이 필요한 생명들을 생각하며 빛을 줄이고 깜깜한 밤을 보내 보자.

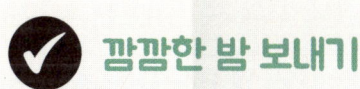

하나씩 실천해 보고 실천한 것에 표시해 봐.

- 자기 전에 불 모두 끄기 ☐
- 해 시간에 맞춰 일찍 자고 일찍 일어나기 ☐
- 잠들기 전에 스마트폰, 텔레비전 사용하지 않기 ☐
- 창밖으로 빛이 새 나가지 않게 커튼 치기 ☐
- 눈부신 전등에 갓 씌우기 ☐

미션 30

실내 온도를 적정 온도로 맞추기

더운 여름에 강한 에어컨 바람 때문에 추위를 느껴 본 적 있을 거야. 마찬가지로 겨울에도 히터와 보일러 때문에 답답할 때가 많지. 특히 에어컨은 냉방병이나 감기에 걸리는 사람이 있을 정도로 지나치게 사용되는 경우가 많아. 이렇게 지나친 냉난방기 사용은 많은 에너지를 사용하여 지구 온난화를 빠르게 진행시키고 있어.

 에너지 낭비를 막으려면 먼저 실내 온도를 적정 온도로 맞추는 게 중요해. 여름철에는 26~28도, 겨울철에는 20도 이하로 온도를 맞추고 생활해야 하지. 평소보다 더 덥고, 더 추울 수 있는데 계절에 맞는 쿨맵시, 온맵시를 실천하면 체감 온도가 개선될 거야. 특히 겨울에는 난

방에 쓰는 에너지가 많으니까 조금 불편하더라도 내복과 수면 양말을 항상 가까이해 줘.

냉난방기를 켜 놓고 그냥 놔두는 경우도 있는데 겨울에 보일러 사용 시간을 1시간씩만 줄여도 1년에 나무 21그루를 심는 효과가 있다고 하니까 사용 시간을 정해 두고 사용해 봐.

그리고 에어컨 필터와 보일러 내부 청소를 하면 열효율이 좋아져서 에너지 낭비를 줄일 수 있어. 냉기와 온기가 밖으로 빠져나가지 않게 창문 틈과 유리에 단열재를 붙이는 것도 좋은 방법이지.

이렇게 생활 습관과 환경을 조금만 바꾸면 건강도 지키고 에너지도 아낄 수 있어. 지구가 더 뜨거워지지 않도록 여름을 여름답게, 겨울을 겨울답게 보내 보자.

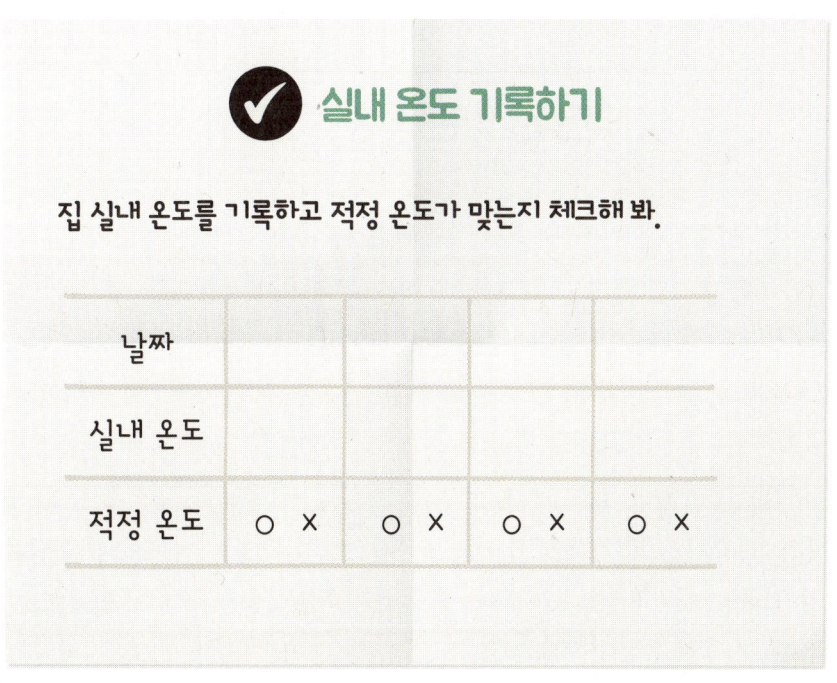

미션 31

우리 집 친환경 보물 찾기

환경 보호에 관심을 갖는 사람이 많아지면서 시중에 판매되는 친환경 제품도 많아졌어. 그런데 꼼꼼하게 살피지 않으면 가짜 친환경 제품에 속을 수가 있어. 친환경이 아닌데 친환경 제품이라고 거짓 광고를 하기도 해서 진짜 친환경 제품인지 꼼꼼히 확인해야 하지.

국가 기관인 환경부는 소비자가 제품을 구매할 때 친환경 제품인지 아닌지 확인할 수 있도록 '환경 표지 제도'를 만들고 심사에 통과한 제품에 한해서 '친환경 인증 마크'를 주고 있어. 친환경 인증 마크가 붙어 있다면 다른 제품과 비교해서 환경 오염을 적게 일으키고 자원을 절약해서 만들었다는 거니까 믿고 구매할 수 있지.

친환경 인증 마크 외에도 다양한 환경 마크가 있어. 대표적인 게 '탄소 발자국 인증 마크'인데 이 마크가 붙은 제품은 제품을 생산하고 폐기하는 과정에서 다른 제품보다 배출되는 탄소가 적어서 지구 온난화 개선에 도움이 된다고 해.

e마크라고도 불리는 '에너지 절약 마크'는 전자제품에 붙이는 환경 마크야. 대기 전력을 줄여서 에너지 효율을 높인 제품에 붙이는 마크인데 이 마크가 붙은 제품은 다른 제품보다 30~50퍼센트 정도 에너지를 절감한다고 해. 또 GR(Good Recycled) 인증 마크는 재활용품에 붙는 마크인데 환경성이 우수한 제품에만 발급하고 있어.

착한 소비를 할 수 있게 도와주는 환경 마크가 정말 많아. 우리 집에도 환경 마크가 부착된 물건이 있는지 찾아봐. 그리고 물건을 살 때는 이 마크가 붙어 있는 제품을 구매하면 좋겠어.

 **친환경 인증 제품 찾아보기**

환경 마크가 붙어 있는 물건을 찾아보고 어떤 물건인지 써 봐.

- 어떤 제품에 환경 마크가 붙어 있어?

- 어떤 종류의 환경 마크가 붙어 있어?

- 어떤 기업에서 생산한 제품이야?

내가 찾은 환경 마크를 그려 봐.

미션 32

대기 전력 무찌르기

만화 속에 사람 피를 빨아먹는 흡혈귀 드라큘라가 있다면 집에는 전기를 빨아먹는 전기 흡혈귀가 있어. 바로 대기 전력이야. 대기 전력은 전원을 끈 전자기기가 작동을 기다리면서 소비하는 전력을 말하는데 집에는 이렇게 아무 일도 하지 않으면서 전기를 빨아먹는 전자기기가 아주 많아.

컴퓨터, 텔레비전, 세탁기처럼 플러그를 꽂아 두고 사용하는 전자기기가 그 범인이야. 전원을 껐다고 해도 플러그를 통해 전기가 계속 흐르고 있으니 에너지 낭비가 심각해. 이렇게 낭비된 에너지는 또 많은 이산화탄소를 발생시키고 지구 온난화를 앞당기고 있어.

대기 전력을 막는 방법은 간단해. 바로 사용하지 않는 전자기기의 플러그를 뽑아 놓는 거야. 이 방법이 번거롭다면 스위치가 있는 절전 탭을 사용해서 전기를 차단해도 좋아. 또 에너지 절약 마크가 붙어 있는 제품을 구입하는 것도 대기 전력을 줄이는 좋은 방법이지.

우리 집 구조를 그리고 콘센트 위치를 그림에 표시해. 콘센트에 꽂혀 있는 전자기기를 모두 적고 ×, △, ○ 표시로 안 쓰는 기기, 가끔 쓰는 기기, 자주 쓰는 기기를 표시해 봐.

〈우리 집 콘센트 지도〉

우리 집 1등 가전제품을 찾아봐!

청소기, 세탁기, 냉장고와 같은 가전제품에는 옆의 그림과 같은 스티커가 붙어 있을 거야. 이 스티커는 '에너지소비효율등급'을 알려 주는 표시야. 에너지소비효율등급은 전자기기가 에너지를 얼마나 효율적으로 사용하는지 판단한 다음 1~5등급으로 나누어 표시하고 있어.

전기 효율이 가장 좋은 제품은 1등급이야. 등급 숫자가 낮을수록 에너지 효율이 높은 거지. 1등급 제품이 5등급 제품보다 30~40퍼센트 정도 에너지 절감 효과가 있다고 해.

등급을 매기는 기준이 점점 높아져서 내년에는 1등급 제품을 볼 수 없을지도 몰라. 집안을 둘러보며 어떤 제품의 등급이 가장 높고 낮은지 확인해 봐.

• 5장 •
출동! 우리 동네 지구 지키기

33. 반려동물과 함께 지구 지키기
34. 도시숲을 아끼고 사랑하기
35. 모두가 안전한 친환경 등산하기
36. 우리 동네 생명 지도 만들기
37. 플로깅 실천하기
38. 가족과 함께 친환경 휴가 계획하기
39. 자외선 차단제 골라 쓰기
40. 우리 동네 무포장 가게 찾기

미션 33

반려동물과 함께 지구 지키기

반려동물과 함께 지내는 건 쉬운 일이 아니야. 밥도 주어야 하고, 배설물도 치워야 하고, 훈련에 산책까지 책임감을 가지고 해야 할 일이 아주 많아. 그런데 이런 일들이 힘들고 귀찮다는 이유로 반려동물을 내다 버리는 사람들이 있어. 이런 행동은 반려동물에게도 지구에게도 모두 불행한 일이야. 버려진 반려동물이 생태계에 나쁜 영향을 미치고 있기 때문이지. 특히 우리나라에 살지 않는 외래종이 야생에 버려지게 되면 토종 생물을 잡아먹거나 나쁜 병을 퍼뜨려서 생태계가 위험에 빠질 수 있어. 그러니까 반려동물을 끝까지 책임지는 일은 반려동물뿐 아니라 지구를 위한 일이기도 한 거야.

작고 귀여운 반려동물은 지구에 큼직한 탄소 발자국을 남겨. 개나 고양이가 먹는 사료는 주로 소, 돼지, 닭으로 만들어지는데 이 동물들을 키우는 데 드는 자원과 에너지가 무척 많기 때문이지. 이때 배출되는 탄소는 무려 자동차 1,360만 대가 배출하는 탄소량과 같다고 해. 그러니까 반려동물의 사료를 고를 때에도 탄소 배출이 적은 친환경 사료를 고르는 게 좋아.

그리고 또 반려동물의 배변을 처리하는 배변용 패드나 비닐봉지도 많은 쓰레기를 만들어. 배변을 처리할 땐 다회용 패드를 사용하고 산책할 때도 배변 수거용 용기를 사용하면 쓰레기를 많이 줄일 수 있어.

사용하지 않는 반려동물 용품이 있다면 버리지 말고 가까운 동물 보호소에 연락해 기부를 하는 것도 좋은 방법이야. 동물 보호소도 돕고 사용하지 않는 물품도 정리할 수 있으니 일석이조지.

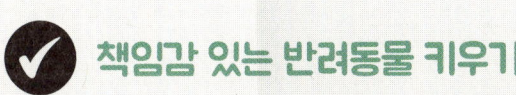

✓ 책임감 있는 반려동물 키우기

반려동물이 있다면 하나씩 실천해 보고 실천한 것에 표시해 봐.

- 산책용 배변 용기 사용하기 ☐
- 일회용 배변 패드 대신 다회용 배변 패드 사용하기 ☐
- 수의사 선생님과 상의해서 탄소 배출이 적은 사료로 바꾸기 ☐
- 수건, 양말, 옷으로 반려동물 장난감 만들기 ☐
- 안 쓰는 반려동물 용품 동물 보호소에 기부하기 ☐

미션 34

도시숲을 아끼고 사랑하기

도시숲은 시민들의 건강하고 쾌적한 삶을 위해 도시 가운데 만들어진 숲이야. 우리나라는 전체 인구의 약 90퍼센트가 도시에 살고 있는데 다른 나라와 달리 도시화가 너무 빨리 진행되어서 도시숲을 만들 여유가 없었어. 그래서 지금 도시숲이 매우 부족한 상황이야.

도시숲은 매연과 미세먼지 같은 오염된 공기를 깨끗하게 정화하는 공기 청정기 역할을 해. 지구 온난화를 일으키는 나쁜 이산화탄소를 흡수하고 우리에게 필요한 깨끗한 산소를 만들어 주는 고마운 존재지.

여름의 도시숲은 에어컨과 같은 역할을 해. 도시숲은 무더운 여름에 한낮 기온을 3~7도나 낮춰 주어서 시원하고 쾌적한 여름을 보내게 해 줘. 에어컨을 끄고 도시숲이 만들어 준 시원한 그늘과 바람으로 여름을 보낸다면 여름날의 멋진 추억도 생기고 에너지도 절약할 수 있지.

여름뿐 아니라 봄가을에도 마찬가지야. 도시숲 둘레에 있는 나무들은 자동차가 만들어 내는 소음을 차단해 주고, 생명이 가득한 숲속 공원은 사계절 내내 우리의 놀이터가 되어 주고 있어.

이렇게 아름답고 소중한 도시숲을 오래오래 누리려면 도시숲을 훼손하지 않고 지켜 나가야 해. 도시숲이 집 가까이 있다면 오늘부터 도시숲 지킴이 활동을 해 보면 어때?

 우리 동네 도시숲 알아보기

우리 동네 도시숲을 소개해 봐!

- 도시숲의 이름은 뭐야?

- 도시숲 주변에는 어떤 게 있어?

- 도시숲의 자랑거리가 있다면 소개해 줄래?

미션 35

모두가 안전한 친환경 등산하기

가족과 함께 등산을 가기로 했다면 산에 대해 미리 알아보는 게 좋아. 그래야 안전하게 등산할 수 있어. 먼저 날씨와 해 지는 시간을 알아보고 산에 있는 화장실과 비를 피할 만한 곳을 파악해 둬. 그리고 산에 도착하면 등산 시간을 고려해서 등산로를 정하는 게 좋아. 빨리 가려고 한다거나 모험심에 등산로를 벗어나는 경우도 있는데 그러면 길을 잃을 수도 있어서 위험하고 자연을 훼손하게 될 수도 있어서 주의해야 해.

등산할 땐 바위, 나무, 꽃과 같은 자연물을 소중히 여기고 밤이나 도토리 같은 열매를 보았다면 줍지 말고 그 자리에 남겨 둬. 야생동물의 소중한 식량이니까 말이야. 산에서 난 건 두고 내가 가져간 쓰레기만 빠짐없이 모두 챙기면 돼.

그리고 산에서는 절대 불을 피우면 안 돼. 산불로 번질 수 있는 위험한 물건은 아예 가져오지 않는 게 좋지. 캠핑을 계획했다면 캠핑이 허가된 곳인지 먼저 확인하고 주의 사항을 꼭 확인하도록 해.

산에서 야생동물을 종종 마주치곤 하는데 귀엽다고 먹이를 주어서는 안 돼. 사람한테서 먹이를 얻으면 자립을 못하고 의존하게 될 수도 있거든. 그리고 시끄럽게 떠들거나 음악을 크게 틀면 야생동물이 소음으로 스트레스를 받을 수 있으니까 말을 할 땐 목소리를 낮추고, 음악을 틀기 보다는 자연의 소리에 귀 기울이면 좋겠어.

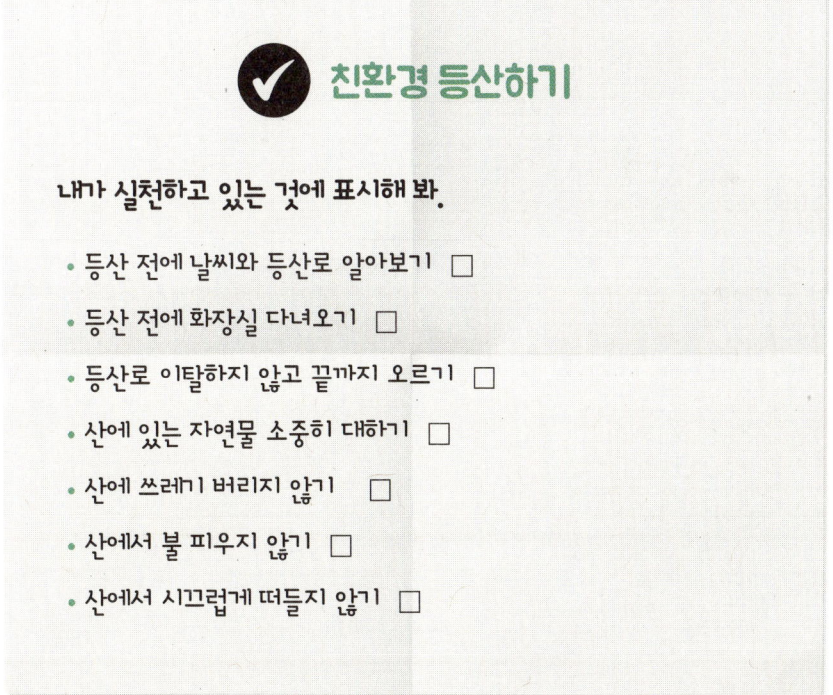

미션 36

우리 동네 생명 지도 만들기

우리 주변에 어떤 생명이 살고 있는지 관심을 가져 봐. 생명이 가진 아름다움과 소중함을 발견하면 삶이 더 행복해질 거야.

집 앞 화단을 생각해 봐. 화단에서 자라는 식물들은 우리 집 주변 공기를 맑게 하고 여름에는 그늘을 만들어 줘. 그리고 활짝 핀 꽃은 벌에게 꿀을 주고, 벌은 꽃이 열매를 맺는 데 도움을 주지. 그 덕분에 우리는 새들과 함께 맛난 열매를 먹을 수 있어.

또 비 오는 날이면 화단 옆에서 지렁이가 꿈틀꿈틀 기어 나와. 지렁이가 지나다니는 길은 빗물 통로가 되어서 물이 땅속 깊이 흘러갈 수 있도록 해 줘. 그리고 지렁이 똥이 땅을 기름지게 만들어서 나무와 식물이 잘 자라나지.

  이렇게 우리는 알게 모르게 여러 생명들로부터 많은 것들을 얻고 있어. 자연 속 생명들이 잘 살아야 우리도 잘 살 수 있는 거지. 그러니까 지구 지킴이들도 우리 동네에 어떤 생물들이 살고 있는지 살펴보고 생명 지도를 한번 만들어 봐. 그리고 커뮤니티 맵핑 방법으로 온라인에서 우리들이 함께 지도를 만들어 갈 수도 있어. 커뮤니티 맵핑은 온라인 지도 위에 우리 지역의 문제점뿐만 아니라 다양한 생명들의 정보를 표시하여 함께 지도를 만들어 가지. 대표적인 커뮤니티 맵핑은 네이처링(www.naturing.net)이 있고 이곳에서 다양한 생명 지도를 만날 수 있어. 이렇게 생명지도를 만들면 우리 동네 생태계를 잘 알 수 있고 지구 생명들을 지키고 싶은 마음도 더욱 커질 거야.

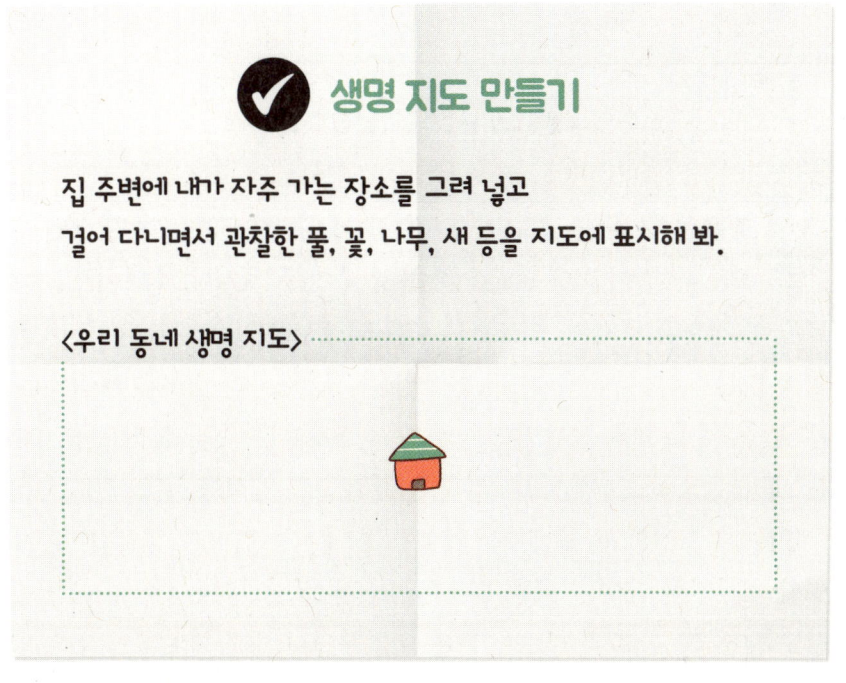

미션 37

플로깅 실천하기

플로깅은 '이삭을 줍는다'는 뜻인 스웨덴어 '플로카 업(plocka upp)'과 영어 '조깅(jogging)'을 합쳐 만든 말이야. 뛰면서 쓰레기를 줍는 활동을 뜻하지. 플로깅은 봉투와 장갑만 있으면 언제 어디서든 쉽게 실천할 수 있어. 그리고 쓰레기를 주울 때마다 허리와 다리를 구부리기 때문에 하체 운동이 저절로 돼서 조깅보다 운동 효과도 더 크다고 해. 운동도 하고 지구를 위해 좋은 일도 하고 일석이조인 거지.

길에 버려진 쓰레기는 지구 곳곳을 돌아다니며 땅과 강, 바다를 오염시키고 있어. 특히 담배꽁초는 독성을 내뿜는 발암물질이 들어 있어서 가장 나쁜 유해 폐기물이야. 또 비닐봉지나 형형색색의 포장지, 일회용 종이컵이나 플라스틱 컵들은 자주 사용하기 때문에 그만큼 더 많이 버려지고 있지.

이런 쓰레기를 줍지 않고 내버려 두면 어떻게 될까? 수거되지 않은 쓰레기는 그대로 땅속에 묻혀서 토양을 오염시키고 땅에 살게 된 육지 생물들은 병에 걸리거나 심하면 목숨을 잃게 돼. 또 하천에 떠내려간 쓰레기는 바다로 흘러가서 바다 생물들을 괴롭게 하지.

우리가 버린 쓰레기를 왜 다시 주워야 하는지 잘 알겠지? 플로깅은 스웨덴에서 처음 시작됐지만 지금은 전 세계 사람들이 모두 나서서 실천하고 있어. 지구 지킴이들도 지구의 건강과 우리의 건강을 위해 플로깅을 함께 실천해 봐.

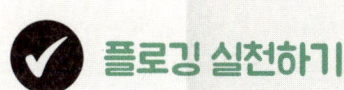

플로깅을 실천하고 기록해 봐.

- 언제 어디서 플로깅을 실천했어?

- 가장 많이 주운 쓰레기는 뭐야?

- 플로깅을 실천해 보니 어때?

담배꽁초 어택 캠페인

플로깅을 하다 보면 담배꽁초가 자주 보일 거야. 버려진 담배꽁초 속 필터에는 플라스틱이 들어 있어. 그래서 분해될 때 많은 미세 플라스틱이 떨어져 나오지. 미세 플라스틱은 땅과 바다를 오염시키고 많은 생물들의 생명을 위협하고 있어. 그래서 환경 단체와 시민들은 길가에 버려진 담배꽁초와 담뱃갑을 모아서 담배 회사와 환경부에 보냈어. 말 그대로 담배꽁초 공격(attack)을 한 거야.

그리고 담배 회사 앞에 가서 여러 가지를 요구했어. 가장 대표적인 요구는 생분해 담배 필터 개발, 버려진 담배꽁초 수거, 담배꽁초를 재활용할 수 있는 방안을 제시하라는 거였지.

길거리 담배꽁초를 줄이기 위해서는 흡연자들이 해야 할 몫도 있지만 담배를 만들고 파는 회사와 그 회사를 감독하는 환경부의 역할이 매우 중요해. 이러한 시민들의 노력으로 담배 회사는 친환경 필터 개발을 위해 노력하겠다고 약속했고, 담배꽁초 전용 수거함 설치 지역도 점점 늘리겠다고 했어. 정말 의미 있는 캠페인이지? 지구 지킴이들도 담배꽁초 어택 캠페인에 동참해 봐.

미션 38

가족과 함께 친환경 휴가 계획하기

이번 휴가철에는 친환경 휴가를 계획해 봐. 어느 때보다도 더 즐겁고 더 의미 있는 여행이 될 거야.

먼저 여행지가 국내라면 비행기 대신 기차나 자동차를 이용하는 게 좋아. 왜냐하면 비행기는 연료를 많이 써서 기차보다 6배나 많은 탄소를 배출하기 때문이야. 여행지 안에서 이동할 땐 대중교통을 이용하고 짧은 거리는 걷거나 자전거를 이용해 봐. 풍경을 천천히 눈에 담을 수 있어서 더 좋을 거야.

짐은 가볍게 가져가는 게 좋아. 짐이 무거우면 교통수단의 연료도 더 들거든. 그래도 텀블러, 휴대용 수저, 에코백은 잊지 말고 챙겨 줘.

여행지에서 일회용품을 많이 쓰기 때문에 챙겨 다니면 언제든 유용하게 쓸 수 있어. 그리고 숙소를 우리 집처럼 사용하는 태도도 필요해. 사용하지 않는 전등은 끄고 숙소에서 제공하는 물품을 아껴 쓰는 거지.

'금강산도 식후경'이라는 말 들어 봤지? 여행지에 가면 그 지역에서 생산하는 농수산물을 알아보고 그 지역 먹거리로 만든 음식을 먹어 봐. 탄소 발자국도 줄이고 여행지의 지역 경제도 살릴 수 있어.

그리고 지역에서 자연 보호 구역으로 지정한 곳은 들어가면 안 돼. 동식물을 보호하는 특별한 가치가 있는 곳이기 때문이지. 여행할 때는 항상 표지판이나 안내문을 잘 살펴보고 따르도록 해.

지켜야 할 것들이 많지만 가족과 함께 친환경 휴가 계획을 세우고 실천한다면 정말 잊지 못할 특별한 여행이 될 거야.

가족과 함께 친환경 휴가를 계획해 봐.

- 여행 장소와 교통 수단:

- 여행에 챙겨 갈 준비물:

- 여행지에서 하고 싶은 친환경 활동:

해변에서 비치코밍을 해 봐

'비치코밍'은 해변을 뜻하는 '비치(beach)'와 빗질을 뜻하는 '코밍(combing)'을 합친 말이야. 해변을 빗질한다는 건데 쉽게 말해 바다 쓰레기를 모으는 해변 청소라고 할 수 있어.

깨끗해 보이는 해변도 모래를 들춰 보면 페트병, 빨대, 유리병, 비닐봉지 같은 쓰레기들이 줄줄이 올라와. 이런 쓰레기들은 미세 플라스틱이 되어 바다 생명들의 먹이 활동을 방해해.

그리고 어망 같은 끈 쓰레기에 몸이 걸려서 다치거나 질식사를 하는 바다 생물이 많아. 선박이 어망에 걸려서 안전사고가 일어나는 경우도 있어서 어망까지도 반드시 청소해야 해.

바닷가로 휴가를 떠났다면 비치코밍을 해 봐. 가족과 함께 봉투와 집게를 들고 해변을 청소한다면 내년에는 더 깨끗한 바다를 만날 수 있을 거야. 이번 여름 방학에는 쓰레기봉투와 집게를 들고 바다로 떠나 보자.

미션 39

자외선 차단제 골라 쓰기

햇볕이 쨍쨍한 여름에는 피부 보호를 위해 선크림을 꼭 발라야 해. 그런데 피부를 보호하는 선크림이 자연을 해치고 있다는 걸 알고 있니? 그래서 선크림의 성분을 제한하는 법이 나왔다고 해.

미국 하와이에서는 산호초와 해양 생태계를 보호하기 위해 옥시벤존과 옥티녹세이트 성분이 들어간 선크림 사용을 금지시켰어. 옥시벤존과 옥티녹세이트는 자외선 차단에 효과가 있는 화학 물질인데 이 두 물질이 바다의 보석이라 불리는 산호를 기형으로 만들고 죽게 만들기 때문이야.

산호초의 면적은 지구 전체 바다 면적의 0.1퍼센트밖에 차지하지 않지만 전 세계 바다 생물의 25퍼센트 이상이 산호초를 서식지로 삼고 있어. 산호초가 없어지면 많은 바다 생물들의 집도 사라지는 거지. 그러니 산호초를 보호하는 것은 바다 생물들을 보호하는 일인 거야.

그럼 우리는 어떤 선크림을 사용해야 할까? 우선 옥시벤존과 옥티녹세이트 성분이 들어가지 않은 무기자차(무기화합물 자외선 차단제)를 선택해야 해. 사실 무기자차에도 환경에 좋지 않은 물질이 다소 들어가 있지만 옥시벤존과 옥티녹세이트 성분이 들어간 유기자차(유기화합물 자외선 차단제)와 비교해 보면 매우 적은 편이야. 그리고 무기자차를 선택할 때는 입자가 큰 제품을 선택하는 게 좋아. 입자 크기가 크면 산호가 나쁜 물질을 흡수하기 어렵기 때문이야.

산호초와 산호초를 집 삼아 살고 있는 바다 생물들을 위해 자외선 차단제를 꼼꼼히 살펴보고 고를 필요가 있어.

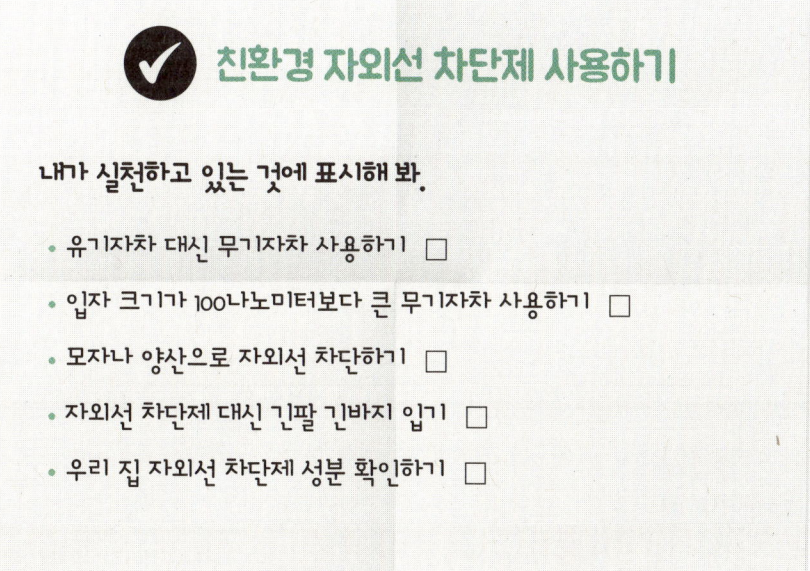

✓ **친환경 자외선 차단제 사용하기**

내가 실천하고 있는 것에 표시해 봐.

- 유기자차 대신 무기자차 사용하기 ☐
- 입자 크기가 100나노미터보다 큰 무기자차 사용하기 ☐
- 모자나 양산으로 자외선 차단하기 ☐
- 자외선 차단제 대신 긴팔 긴바지 입기 ☐
- 우리 집 자외선 차단제 성분 확인하기 ☐

미션 40

우리 동네 무포장 가게 찾기

우리가 쓰는 물건 중에 포장 없이 산 물건은 드물 거야. 게다가 포장지나 포장 용기는 한 번 쓰고 쓰레기로 버려지지. 그러니 불필요한 포장을 줄여서 플라스틱이나 비닐 같은 폐기물을 줄여야 해.

이러한 움직임으로 등장한 게 '무포장 가게'야. 무포장 가게는 말 그대로 일회용 쓰레기를 줄이기 위해 포장 없이 물건만 판매하는 가게를 말해. 빵, 채소, 일상용품 등을 포장 없이 살 수 있지. 무포장 가게에 갈 땐 어떤 걸 살지 미리 계획하고 거기에 맞는 장바구니와 다회용기를 챙겨 가면 돼.

또 샴푸, 세제, 화장품의 내용물을 리필해 주는 '리필 스테이션'도 등

장했어. 세척한 화장품 용기를 가져가면 내용물을 저렴한 가격에 구매할 수 있지. 특히 화장품 용기는 수명도 짧고 재활용도 안돼서 플라스틱 쓰레기 문제가 심각했는데 리필 스테이션이 등장해서 걱정을 덜 수 있게 됐어.

무포장 가게가 많아지면 유통과 소비 과정에서 발생하는 폐기물을 아주 많이 줄일 수 있을 거야. 아직 많지는 않지만 우리 동네에도 무포장 가게가 있을지 몰라. 한번 찾아서 이용해 봐. 쓰레기를 좀 더 쉽고 재밌게 줄일 수 있어.

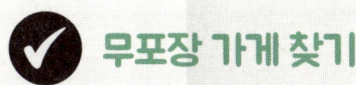

우리 동네 무포장 가게를 찾아봐!

- 무포장 가게 이름이 뭐야?
- 가게에 어떤 물건이 있어?
- 가게에서 어떤 물건을 구매했어?
- 얼마나 자주 이용할 거야?

•6장•
모두 함께 지구 지키기

41. 환경을 위한 캠페인 제안하기
42. 달력에 환경 기념일 표시하기
43. 동물 실험 반대하기
44. 기후 난민에 관심 기울이기
45. 환경 단체 알아보기
46. 나쁜 기업, 착한 기업 찾아보기
47. 한국의 그레타 툰베리 되어 보기
48. 무책임한 기업 단속하기
49. 가짜 환경 활동 멈추기
50. 환경 위기 시계 거꾸로 돌리기

미션 41

환경을 위한 캠페인 제안하기

태안 기름 유출 사고에 대해 알고 있니? 2007년 12월에 우리나라 태안 앞바다에 기름을 운반하는 유조선과 해상 크레인이 충돌하는 사고가 있었어. 이 충돌 사고로 많은 기름이 바다로 유출되었고 아름답던 태안의 바다는 순식간에 죽음의 바다가 되어 버렸지.

그때 검은 바다와 죽어가는 해양 생물들 그리고 망연자실한 태안 주민들의 모습이 텔레비전에 중계됐어. 많은 시민들이 그 모습들을 보고 마음 아파했고 보고만 있을 수 없었던 시민들은 태안으로 향했지.

사고 이후 태안을 돕기 위해 달려간 시민은 123만 명이나 된다고 해. 기부 활동에 참여한 사람들까지 합치면 정말 많은 사람들이 태안을 돕기 위해 함께한 거야. 태안은 지금 어떻게 되었냐고? 많은 학자들이 사고 이전으로 돌아가는 건 힘들 거라고 했는데 해수 유분 농도도 반으로 줄고 멸종 위기종이었던 상괭이가 헤엄치는 모습도 발견되었어. 그리고 2016년에는 세계자연보전연맹이 태안 바다를 국립공원으로 승급시켰으니까 그만큼 생태적 가치가 우수하고 관리와 보전이 잘 되었다는 거지.

123만 명의 시민들의 자발적인 봉사가 없었다면 절대 불가능했을 거야. 이렇게 누군가와 힘을 모으면 혼자서는 할 수 없는 큰 일을 해낼 수 있어. 지구 지킴이들도 친구들과 함께 지구를 지키는 일에 나서 보면 어떨까? 학교에서 환경 보호 활동을 용기 있게 제안해 보는 거야.

 환경 캠페인 제안하기

교실 등 끄기 캠페인, 텀블러 갖고 다니기 캠페인과 같은 제안하고 싶은 캠페인을 적어 봐.

미션 42

달력에 환경 기념일 표시하기

세계 각국에는 환경 보호와 관련된 기념일이 많이 있어. 기념일을 달력에 표시해 두고 지구 보호를 위해 노력하자는 다짐과 함께 여러 가지 캠페인을 실천해 보자.

2월 2일, 세계 습지의 날

습지는 많은 생명체들이 사는 곳이야. 습지를 보호하기 위해 국제회의에서 람사르협약을 만들고 매년 2월 2일을 세계 습지의 날로 정했어. 우리나라도 강화 매화마름 군락지, 우포늪 등 24개의 습지가 람사르 습지로 지정됐고 이 습지들을 보호하기 위해 노력하고 있어.

3월 22일, 세계 물의 날
　수질 오염과 기후 변화는 가뭄을 발생시켜. 그래서 전 세계적으로 물 부족 문제가 심각해지고 있어. 물 부족의 심각성을 알리기 위해 유엔은 3월 22일을 세계 물의 날로 정했어. 우리나라는 물 스트레스 국가로 분류된 만큼 모두가 물을 아끼기 위해 노력해야 해.

4월 22일, 지구의 날
　지구 환경 오염 문제에 대해 고민해 보는 날이야. 이날은 지구를 위해 오후 8시부터 10분간 불을 끄는 소등 행사를 해. 10분간 불을 끄고 별을 바라보며 환경 보호를 위해 우리가 할 수 있는 일을 생각해 보자.

5월 22일, 세계 생물종 다양성 보존의 날
　인간은 많은 생물종들의 서식지를 파괴해 왔어. 환경 파괴로 인한 멸종을 막기 위해 5월 22일을 세계 생물종 다양성 보존의 날로 정했어. 이날에는 주변 생물을 관찰하고 어떻게 하면 다른 생물에게 피해를 주지 않고 살아갈 수 있을지 고민해 보자.

6월 5일, 세계 환경의 날
　1972년 6월 스웨덴에서 열린 '유엔인간환경회의'에서 지구 환경 보전을 위해 함께 노력하자 다짐하며 6월 5일을 세계 환경의 날로 정했어. 이날은 환경 문제 해결에 앞장선 사람들에게 '글로벌 500상'을 시상하는 날이기도 해.

8월 22일, 에너지의 날
　2003년 8월 22일은 우리나라가 역대 최대 전력 소비를 기록한 날이야. 전기 낭비의 경각심을 가지기 위해 8월 22일을 에너지의 날로 정했어. 계속해서 증가하고 있는 에너지 소비를 줄이기 위해 어떤 노력을 할 수 있을지 고민해 보자.

9월 6일, 자원 순환의 날

환경부와 한국폐기물협회가 환경 보호와 자원 재활용의 필요성을 알리기 위해 만든 날이야. 지구에 존재하는 자원은 제한되어 있어. 우리가 한정된 자원을 효율적으로 사용해야 미래 세대도 혜택을 누릴 수 있지. 이날은 자원을 아껴 쓰는 방법을 고민해 보면 좋겠어.

9월 22일, 세계 차 없는 날

프랑스에서 처음 시작된 환경 기념일이야. '1년 중 단 하루만이라도 자동차를 타지 말자!'라는 구호로 시작되었지. 자동차 대신 대중교통을 이용하면서 대기 오염, 소음, 교통 체증 문제에 대해 생각해 보는 날이야.

11월 26일, 아무것도 사지 않는 날

현대인의 무분별한 소비 습관을 반성하기 위해 만들어진 캠페인이야. 다른 나라는 11월 마지막 주 금요일에 아무것도 사지 않는 날을 보낸다고 해. 이날에는 환경 보호를 위해 욕심을 줄여 보자.

12월 5일, 세계 토양의 날

유엔이 우리 삶의 터전인 토양의 중요성을 널리 알리기 위해 만든 날이야. 이날에는 건강한 토양이 지구 생물의 다양성을 보전한다는 걸 생각해 보면 좋겠어.

 **환경 기념일 표시하기**

다가오는 환경 기념일을 기다리며 적어 봐.

- 가장 기대되는 환경 기념일은 언제야?

- 환경 기념일에 어떤 활동을 실천해 보고 싶어?

이번 달 달력을 그리고 환경 기념일을 표시해 봐.
기념일이 없다면 나만의 환경 기념일을 만들고 날짜를 정해 봐.

미션 43

동물 실험 반대하기

지구상의 어떤 생물도 잔인한 실험의 대상이 되어서는 안 돼. 하지만 화장품이나 약 개발을 위해서 실험대에 오르는 동물이 아주 많아. 동물을 대상으로 제품의 효능과 안전성을 실험하는 걸 동물 실험이라고 하는데 2020년에는 우리나라에서만 약 400만 마리의 동물이 동물 실험으로 희생되었고 전 세계에서는 매년 5억 마리나 되는 동물들이 동물 실험으로 희생되고 있어.

오직 인간을 위해 행해지는 동물 실험을 그만둘 수는 없을까? 다행히 우리나라에서는 동물 실험을 한 화장품이나 동물 실험을 거친 원료를 사용한 제품은 판매가 금지됐어. 그리고 이런 변화는 다른 나라에서도 활발히 일어나고 있지.

하지만 약 개발을 위한 동물 실험은 여전히 이루어지고 있어. 기술의 발전으로 사람의 신체 기능을 대신하는 오가노이드(인공장기)로 동물 실험을 대체하고는 있지만 동물 실험을 없애는 데에는 역부족이지. 그러니까 동물 실험이 없어지도록 모두가 반대하고 나서야만 해.

동물 실험 제품을 구매하지 않고 동물의 가죽이나 뿔을 사용한 동물성 옷을 입지 않는 행동이 그 시작이야. 또 기업에 동물 실험 반대 의견을 보내고 동물 실험을 대체할 수 있는 기술 개발에 관심을 가지도록 요청을 하는 것도 필요해.

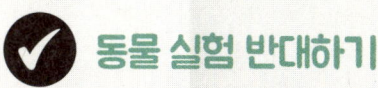

동물 실험을 하지 않은 제품에는 비건 인증 마크가 붙어 있어. 집에서 비건 인증 제품을 찾아보고 어떤 제품인지 적어 봐.

미션 44

기후 난민에 관심 기울이기

혹시 '기후 난민'에 대해서 알고 있어? 기후 난민은 가뭄이나 홍수 같은 자연재해로 삶의 터전이 망가져서 곤경에 빠진 사람들을 말해. 그런데 지금처럼 기후 변화가 계속되면 가까운 미래에는 전쟁으로 집을 잃는 사람보다 기후 변화로 집을 잃는 난민이 더 많아질 거라는 이야기도 나오고 있어.

국제이주기구는 2050년쯤이면 전 세계 인구의 10퍼센트가 기후 난민이 될 거라고 예상했어. 해수면 상승, 물 부족, 가뭄, 폭풍 같은 극단적인 기후 변화의 결과로 나라를 떠나야만 하는 상황이 생기는 거지.

특히 이러한 기후 난민은 가난한 나라에서 많이 생겨날 것으로 보여.

아프리카 주민들이 물 부족과 해수면 상승 같은 기후 문제로 생존에 어려움을 겪고 있거든.

자연재해가 얼마나 심각하면 살던 곳을 떠나야 하는 걸까? 지금 가장 심각한 문제는 해수면 상승이야. 지구 온난화로 빙하가 녹으면서 해수면이 높아지고 있는데 이렇게 계속 해수면이 상승하면 뉴욕이나 상하이 같은 대도시까지 물에 잠길 수 있어. 전 세계 인구의 41퍼센트가 해안가에 살고 있는데 해수면이 상승하면 낮은 지대에 있는 도시들은 재난에 시달리다가 결국은 바닷물에 침수되고 말 거야.

그리고 가뭄으로 인한 기후 난민도 늘어나고 있어. 2040년이면 어린이 4명 중 1명이 물 부족에 시달릴 거라고 하니까 얼마나 심각한지 알겠지. 그러니까 전 지구가 합심해 지구 온난화를 저지하기 위해 노력해야 해. 가난한 나라들이 기후 변화에 대응할 수 있도록 비용을 지원하면서 말이야.

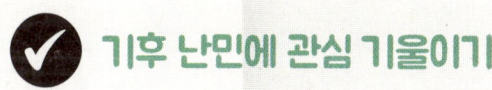

어떤 나라가 기후 위기에 대응하지 못하고 있는지 알아봐.

미션 45

환경 단체 알아보기

환경에 관심을 가진 사람들이 환경 단체로 모여들고 있어. 혼자일 때보다 더 큰 목소리를 내고 더 많은 일을 할 수 있게 된 사람들은 기업에게 환경을 보호하라는 압력을 주기도 하고 기후 위기의 심각성을 연구해 환경 캠페인을 만들고 있지. 이렇게 환경 단체가 만든 자료와 캠페인을 보고 기후 위기의 심각성을 느낀 사람들은 지구를 지키기 위해 행동하기 시작했어. 환경 문제에 소홀했던 자신의 생활을 되돌아보며 노력하는 사람들이 많아지게 된 거지.

이렇게 지구를 위해 애쓰고 있는 환경 단체에 힘을 보태려면 어떻게 해야 할까? 먼저 포털 사이트에 '환경 단체'를 검색하고 환경 단체 누리

집에 접속해 어떤 일을 하고 있는지 자세히 찾아봐. 그리고 그 환경 단체의 활동을 응원하고 싶다면 회원 가입도 해 보고 캠페인이나 봉사 활동을 직접 참여해 봐도 좋아. 그리고 내가 모은 용돈으로 환경 보호 단체를 후원할 수도 있어.

세계 3대 환경 단체로 세계자연기금(WWF), 지구의 벗(Friends of the Earth), 그린피스(Greenpeace)가 있고 우리나라에는 녹색연합, 환경운동연합 등이 있어. 환경 단체들이 지구 환경을 위해 더 많은 일을 할 수 있도록 관심을 갖고 참여해 줘.

환경 단체 알아보기

여러 환경 단체의 누리집을 탐방해 보고 적어 봐.

- 환경 단체 이름:

- 환경 단체가 하는 일:

- 내가 실천할 수 있는 환경 캠페인:

미션 46

나쁜 기업, 착한 기업 찾아보기

기업은 회사의 이익을 최우선으로 하는 곳이야. 그래서 때로는 회사의 큰 이익을 위해 나쁜 짓도 서슴지 않지. 폐기물 처리 비용을 아끼기 위해 강에 폐수를 버리거나 잔인한 동물 실험을 하는 등 못된 일들을 벌이는 곳이 많아.

이런 나쁜 기업들을 혼내 주는 방법이 없을까? 마땅한 처벌을 받도록 시청과 환경부 같은 행정 기관에 신고하고 나쁜 기업의 물건을 사지 않는 불매 운동을 실천하면 돼. 그러면 기업 이익이 줄어서 기업들은 소비자의 눈치를 볼 수밖에 없어.

몇몇 소비자들은 환경 보호에 앞장서는 착한 기업의 물건을 열심히

홍보하며 소비하고 반대로 나쁜 기업의 물건은 불매 운동을 하고 있어. 이런 소비자들 덕분에 기업들도 지구와 공동체의 이익을 함께 생각하는 기업으로 변화하고 있는 거지.

이에 따라 ESG 경영을 실천하는 기업도 늘어나고 있어. ESG는 환경(Environmental), 사회 공헌(Social), 윤리적 경영(Governance)의 앞 글자를 따온 말이야. 환경 보호에 앞장서고, 사회를 살기 좋은 곳으로 발전시키며, 윤리적 책임을 다하기 위해 노력하고 있다는 거지.

어떤 기업은 지역민들에게 온실가스 배출이 적은 요리 기구를 보내 주기도 하고, 또 어떤 기업은 세탁 세제를 편의점에서 리필할 수 있도록 리필 구역을 만들었어. 이처럼 많은 기업이 ESG 경영을 실천하기 위해 노력하고 있어. 정말 믿음직스럽지? 오늘부터 이런 착한 기업을 찾아 응원해 보면 어떨까?

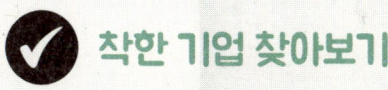

ESG 경영 기업을 찾아보고 지구를 위해 어떤 일을 하는지 적어 봐.

미션 47

한국의 그레타 툰베리 되어 보기

청소년 환경 운동가 그레타 툰베리의 이야기를 한번 들어 볼래? 스웨덴 소녀 그레타는 지구가 뜨거워지면서 동물뿐 아니라 사람들의 생명도 위험에 처해 있다는 걸 알게 됐어. 어른이 됐을 때는 지구가 더 큰 위기를 맞게 된다는 것도 알게 됐지. 하지만 정작 어른들은 아무것도 하지 않고 있다는 걸 깨달았어.

그래서 그레타는 어느 금요일에 학교 대신 국회의사당으로 향했어. 혼자서 기후를 위한 등교 거부 시위를 시작한 거야. 처음에는 아무도 관심을 주지 않았지만 그레타는 비가 오는 궂은 날에도 국회의사당 앞으로 나갔어. 그러자 사람들이 관심을 갖기 시작했고, 주변의 다른 아이들도 그레타와 함께 시위에 나서기 시작했어.

　그레타의 금요일 등교 거부 시위는 인터넷을 통해 퍼져 나갔어. 그리고 세계 곳곳의 아이들이 각자의 자리에서 목소리를 높이기 시작했지. 어른들이 나서지 않는다면 아이들이 환경 보호에 앞장서겠다고 말이야. 그렇게 그레타의 시위는 '미래를 위한 금요일'이라는 이름으로 133개국의 청소년 160만여 명이 동참하는 큰 환경 캠페인이 되었어.

　그레타의 이야기는 전 세계 아이들에게 용기를 주고 있어. 환경 운동을 하는 데 어린 건 중요하지 않다는 걸 보여 준 그레타처럼 지구 지킴이들도 지구를 위한 환경 운동에 관심을 가지고 참여해 보면 좋겠어. 작은 걸음들이 모이면 환경을 위한 큰 걸음이 될 거야.

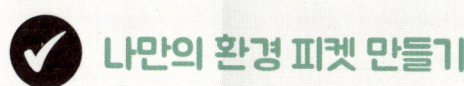
나만의 환경 피켓 만들기

그레타는 '기후를 위한 학교 파업'이라고 적은 피켓을 들고 시위에 나섰어. 환경 피켓에 적고 싶은 말을 여기에 써 봐.

미션 48

무책임한 기업 단속하기

'덜 사고, 더 요구하세요.'는 외국에서 벌인 환경 캠페인 중 하나야. 불필요한 소비는 줄이고 기업에게 친환경을 요구하라는 메시지를 담고 있어.

소비자들은 환경에 대한 철학을 가지고 기업에 당당하게 요구하기 시작했고 세계적 기업들은 불필요한 라벨을 없애거나 공병을 회수하면서 친환경 기업으로 거듭나고 있어.

하지만 어떤 기업들은 환경 문제에 관심을 기울이는 것처럼 보이기 위해서 거짓으로 행동하기도 해. 경제적인 이익을 얻기 위해 자신들이 만든 물건이 친환경 제품이 아님에도 친환경이라고 속이는 거지. 이런 행동을 '그린워싱' 또는 '위장환경주의'라고 해. 환경 활동의 성과를 부풀려서 광고하거나 환경 보호에는 별다른 효과가 없는 텀블러를 유행식으로 나눠 주는 것 모두 그린워싱이야.

그린워싱 기업은 눈에 잘 띄지 않아서 직접 나서서 단속해야만 해. 진실하지 않다고 여겨지는 무책임한 기업을 비판하고, 환경 문제 해결에 적극적으로 나서는 기업을 응원하는 현명한 소비자가 되면 좋겠어.

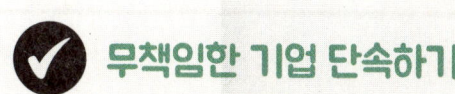

그린워싱이 의심되는 기업이나 제품이 있다면 적어 봐.

지구 지킴이 환경부를 소개할게!

환경부는 우리가 쾌적한 환경에서 살 수 있도록 자연환경을 보존하고 환경 오염 예방을 위해 노력하고 있는 국가 기관이야.

환경부는 재활용 순환, 생물종 보호, 온실가스 감축뿐 아니라 환경 평가를 통해서 환경을 해치는 나쁜 기업을 제재하고 있어. 그리고 또 모든 국민이 탄소 중립에 적극적으로 참여할 수 있도록 기반을 마련하여 환경 보호와 함께 대한민국의 국가 경쟁력을 높이는 핵심 역할을 하고 있지.

환경부 누리집(me.go.kr)에 들어가 보면 환경부가 하는 일과 최신 환경 정보를 알 수 있어. 환경용어사전이나 환경백서 같은 유익한 자료도 많지. 환경부 누리집을 둘러보면서 환경 공부도 해 보고 나와 지구를 위해 열심히 뛰고 있는 환경부를 응원해 보면 어떨까?

미션 49

가짜 환경 활동 멈추기

지구를 지키기 위해 생겨난 물건들이 지구를 더 아프게 하고 있어. 그 대표적인 예가 쓰레기 줄이기 운동(제로웨이스트 운동)을 시작하면서 많이 사용하게 된 텀블러와 에코백이야.

종이컵 대신 텀블러를 사용하고 비닐봉지 대신 에코백을 사용하는데 뭐가 문제냐고? 좋은 의도로 구입했지만 몇 번 사용하지 않고 집에 쌓아 두거나 심지어는 버리는 경우도 있기 때문이야.

텀블러나 에코백 같은 다회용품은 생산 과정에서 일회용품보다 더 많은 탄소를 배출해. 그래서 다회용품은 최대한 많이 써야 환경 보호 효과가 있어. 종이봉투는 3번 이상, 면 에코백은 131번 이상, 플라스틱 텀블러는 17번 이상, 스테인리스 텀블러는 1,000번 이상을 써야 환경 보호 효과가 있다고 해. 정말 환경을 보호하고 싶다면 자주 그리고 오래 써야 하는 거지.

'생분해 플라스틱'도 마찬가지야. 생분해 플라스틱은 미생물에 의해 분해되어 자연으로 돌아갈 수 있는 플라스틱으로 알려져 있어. 하지만 미생물은 58도의 높은 온도에서 활발히 움직이기 때문에 어디서든 잘 분해되는 것은 아니라고 해. 그런데다 아직 우리나라에는 생분해 플라스틱을 처리하는 시설이 없어서 대부분 생활 폐기물로 버려져 소각되고 있어. 환경을 위한 일이라고 생각했지만 결국 환경에는 아무런 이득도 없고 낭비만 되고 있는 거지.

이렇게 가짜 환경 활동을 하고 있지 않은지 점검해 볼 필요가 있어. 나의 활동을 되돌아보고 잘못된 것이 있다면 고쳐 나가 봐.

✔ 가짜 환경 활동 멈추기

내가 실천하고 있는 것에 표시해 봐.

- 새것 사지 않고 쓰던 것 계속 쓰기 ☐
- 안 쓰는 텀블러나 에코백 나눠 주기 ☐
- 망가진 에코백 고쳐 쓰기 ☐
- 무료로 나누어 주는 텀블러나 에코백 거절하기 ☐
- 생분해 빨대 대신 다회용 빨대 사용하기 ☐
- 진짜 친환경 제품인지 확인하기 ☐

미션 50

환경 위기 시계 거꾸로 돌리기

현재 환경 위기 시계는 9시 38분 '위험'을 가리키고 있어. 12시가 되면 더는 지구에서 살 수 없게 될 거야. 지구 종말의 순간이 오는 거지.

시간을 거꾸로 돌릴 수 있는 타임머신이 있다면 얼마나 좋을까? 그러면 지구가 건강했던 때로 돌아갈 수 있을 텐데 말이야. 하지만 그런 일은 영화에서나 일어나는 일이고 우리에게는 손 놓고 기다릴 시간이 없어.

환경 위기 시계를 거꾸로 돌리려면 우리가 직접 나서야 해. 바로 일상생활에서 환경 미션을 매일매일 실천하는 거지. 이건 아주 번거롭고, 귀찮고, 오래 걸리고, 용기가 필요한 방법이지만 위기를 멈추게 할 유일한 방법이기 때문에 열심히 실천하는 수밖에 없어.

우리는 편리하고 안락한 삶을 누리기 위해 지구 자원을 마음대로 누리고 지구 곳곳에 상처를 내기도 했어. 그동안은 지구가 스스로 자신의 상처를 치유할 수 있는 자정 능력이 있었지만 이제는 지나친 환경 파괴로 지구 혼자서는 회복할 수 없게 됐지.

그래서 우리도 '위험'한 상황에 놓이게 된 거야. 지구를 아프게 한 만큼 우리에겐 지구를 되돌려 놓을 책임이 있어. 우리가 책임을 다해 지구 환경 시계를 돌려놓게 되면 지구 곳곳에서 일어났던 이상 기후도 잠잠해질 거야. 멸종 위기를 겪었던 많은 동물과 식물들이 위협에서 벗어나고 말이야. 그리고 다시 우리나라의 아름다운 사계절을 온전히 누리는 그런 날도 오겠지.

이렇게 안전하고 행복한 미래는 우리와 미래 세대, 그리고 지구에서 살아가고 있는 모든 생명이 함께 누려야 해. 그리고 그 미래를 만들 수 있는 건 바로 우리! 지구 지킴이들의 관심과 행동이라는 걸 명심해!

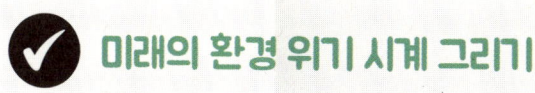 미래의 환경 위기 시계 그리기

환경 위기 시계를 몇 시로 돌려놓고 싶어?
미래의 환경 위기 시계를 그려 보고
시계를 돌리기 위해 노력하겠다고 지구에게 약속해 줘.

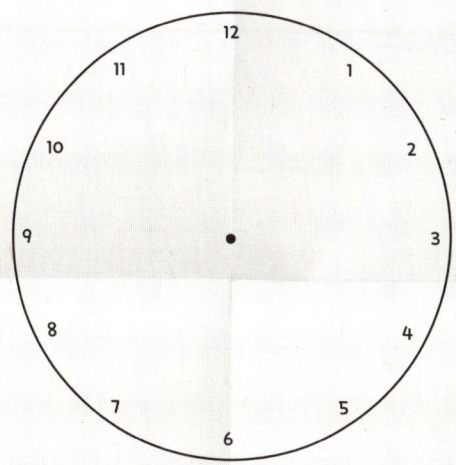

지구에게:

나와 지구 그리고
미래 세대를 위한 행복 약속

나와 지구 그리고

미래 세대의 운명은

나의 손에 달려 있습니다.

지구를 위한 환경 미션을

매일매일 실천하여

지구의 환경 위기 시계를

거꾸로 돌려놓아

모두가 행복한 세상을

만들겠습니다.

지구를 지키는 50가지 환경 미션

1판 1쇄 발행 2022년 8월 5일
1판 6쇄 발행 2025년 11월 15일

글 변지선, 이은지
그림 주노
발행인 손기주

편집팀장 권유선
편집 신수인 **디자인** 썬더키즈 디자인팀
인쇄 길훈 씨앤피 **세무** 세무법인 세강

펴낸곳 썬더버드
등록 2014년 9월 26일 제 2014-000010호
주소 경기도 의왕시 정우길47, 2층
ISBN 979-11-90869-48-5 (73530)
전화 02-6368-2807 **팩스** 02 6442 2807

값은 뒤표지에 있습니다. 잘못된 책은 구입하신 곳에서 바꾸어 드립니다.
썬더키즈는 썬더버드의 아동서 출판브랜드입니다.